监狱警察教育口才研究

靳琳琳 著

陕西新华出版传媒集团
陕西科学技术出版社
———西安———

图书在版编目（ＣＩＰ）数据

监狱警察教育口才研究／靳琳琳著．－－西安：陕西科学技术出版社，2022.3
　　ISBN 978-7-5369-8330-4

Ⅰ.①监… Ⅱ.①靳… Ⅲ.①监狱-警察-口才学-研究-中国 Ⅳ.①D926.7

中国版本图书馆 CIP 数据核字 (2022) 第 030007 号

监狱警察教育口才研究

靳琳琳　著

出 版 人	崔　斌
责任编辑	李　栋
封面设计	朵云文化

出版者	陕西新华出版传媒集团　陕西科学技术出版社
	西安市曲江新区登高路 1388 号陕西新华出版传媒产业大厦 B 座
	电话 (029) 81205187　传真 (029) 81205155　邮编 710061
	http://www.snstp.com
发行者	陕西新华出版传媒集团　陕西科学技术出版社
	电话 (029) 81205191　81205192
印　　刷	广东虎彩云印刷有限公司
规　　格	720mm×1000mm　1/16
印　　张	20
字　　数	208 千字
版　　次	2022 年 3 月第 1 版
印　　次	2022 年 3 月第 1 次印刷
书　　号	ISBN 978-7-5369-8330-4
定　　价	58.00 元

版权所有　翻印必究

前　言

运用科学的手段教育改造罪犯，不断提高罪犯的教育改造质量，是我国监狱管理工作中的一项长期而又重要的任务。在教育改造罪犯的过程中，监狱人民警察的罪犯教育口才作为教育改造罪犯的基本能力，作为解决罪犯的具体、特殊问题的一种能力、已经成为监狱教育工作的一大鲜明特色。随着监狱教育改造工作的不断改革与发展，如何进一步完善和创新监狱人民警察罪犯教育口才的方法和途径，进而增强罪犯教育转化工作的针对性和实效性，这在当前乃至将来相当长的一段时期监狱教育改造工作实践所要解决的问题，也是值得研究思考的问题。

我于 2009 年开始教授《罪犯教育理论与实务》课程，在此之前，已经讲授了多年《司法口才》课程。在这两门课程教学和理论研究中，我对监狱人民警察的罪犯教育口才产生了浓厚的兴趣，这是一个交叉性、综合性的学科，也是前人关注不多但是却颇有意义的工作。于是，萌生了出一本专门论述监狱人民警察罪犯教育口才的专著的念头。2020 年，学院刑事执行专业撤销，我也要离开司法系了，正是从那时起，我开始了《监狱警察教育口才研究》一书的艰苦写作。这本书是对本人多年来罪犯教育教学和理论研究成果的总结和概括，也是作为一名普通的警院教师对我国监狱理论研究所应尽的一点绵薄之力。

同时，希望用这本书为自己十年的罪犯教育教学研究工作画一个圆满的句号。

本书在写作过程中一直是在司法系领导、同事和行业专家的支持和配合中完成的，特别是陕西省监狱管理局教育处司鸿蒙处长、政治处何延军同志提出了很多修改建议，给了很多专业指导，在此表示感谢！同时该书的撰写过程也得到了家人的大力支持和理解，才得以使我能够全身心地投入创作之中。最后，还要感谢陕西科学技术出版社的领导和编辑，是他们为本书的顺利出版做出了大量辛勤的劳动，才最终使这本书得以呈现在读者面前。由于本人才疏学浅，加之可供参考和借鉴的资料不多，书中定会存在很多不足和欠缺之处，真诚希望各位同仁和广大读者批评指正，不吝赐教。

作者

2020 年 12 月

目 录

第一章 监狱人民警察罪犯教育口才研究起点 / 001
- 第一节 监狱人民警察的历史沿革 / 002
- 第二节 新时代监狱人民警察的素质要求 / 008
- 第三节 监狱人民警察的罪犯教育口才 / 017
- 第四节 监狱人民警察罪犯教育口才研究内容和方法 / 022

第二章 监狱人民警察谈话教育口才 / 035
- 第一节 监狱人民警察谈话教育口才概述 / 036
- 第二节 告知性谈话口才评析 / 049
- 第三节 劝慰性谈话口才评析 / 054
- 第四节 训诫性谈话口才评析 / 061
- 第五节 制服性谈话口才评析 / 070
- 第六节 勉励性谈话口才评析 / 076

第三章 监狱人民警察"三课"教育口才 / 083
- 第一节 "三课"教育口才概述 / 084
- 第二节 课堂讲解口才评析 / 092
- 第三节 课堂提问口才评析 / 100
- 第四节 组织讨论口才评析 / 107
- 第五节 解说口才评析 / 116

第四章 监狱人民警察报告口才 / 125
- 第一节 监狱人民警察报告口才概述 / 126

第二节 政治思想教育报告口才评析 / 140

第三节 动员报告口才评析 / 147

第四节 奖惩报告口才评析 / 154

第五章 监狱人民警察讲评教育口才 / 167

第一节 监狱人民警察讲评教育口才概述 / 168

第二节 思想教育讲评口才评析 / 182

第三节 日讲评教育口才评析 / 196

第四节 会议讲评口才评析 / 203

第六章 监狱人民警察调查口才 / 210

第一节 监狱人民警察调查口才概述 / 211

第二节 对罪犯群体调查口才评析 / 234

第三节 对知情罪犯调查口才评析 / 241

第四节 对罪犯当事人调查口才评析 / 247

附录 / 255

中华人民共和国监狱法 / 255

监狱教育改造工作规定 / 268

监狱提请减刑假释工作程序规定 / 279

关于监狱办理刑事案件有关问题的规定 / 284

监狱劳教人民警察职业行为规范 / 286

监狱和劳动教养机关人民警察违法违纪行为处分规定 / 291

监狱服刑人员行为规范 / 297

罪犯会见通信工作规定 / 300

参考文献 / 311

第一章

监狱人民警察罪犯教育口才研究起点

第一节 监狱人民警察的历史沿革

原始社会没有警察现象，私有制的产生、阶级的出现、社会矛盾不可调和，以及国家的最终形成，是警察产生的经济、阶级、社会和政治四大要件，也是警察职业存在的基本社会条件。延续至今，警察的职能即为维护社会秩序，保障统治实现。监狱人民警察概莫能外。

一、监狱人民警察的演变

人类与犯罪斗争，自私营群体生产开始。所以警察作用的存在，可以追溯至部落时代。"警察的设立，在我国是近代史范围的事，但是执行警察职能的官吏，却是伴随国家的产生而产生的。"而每一个时代，监狱警察的职能与作用又不尽相同。

（一）奴隶制社会的监狱警察

奴隶制社会是监狱警察的孕育与发展时期，随着奴隶制政治制度和法律制度的不断发展，国家监狱得以出现和不断完善，分别设置了不同类别的监狱官吏，明确了职责，奴隶制的狱政制度得到了加强和充实，监狱管理专职化。春秋时期，各国监狱官吏大多沿用周朝旧制，但由于群雄争霸，割据一方，监狱官吏名称多有不同。如楚、唐叫"司败"，郑国叫"尉氏"，晋国叫"士弱"，等等。战国时期，封建社会开始萌芽，狱制也处于新旧过渡时期，各国狱制差异较大，官吏设置也多有变化，比如秦朝最高狱吏叫"廷尉"，齐国叫"大理"。

（二）封建社会的监狱警察

封建社会是我国古代监狱管理逐步发展时期，监狱体制和官吏制度逐步形成。秦朝是我国第一个统一的中央集权专制的封建国家，在其设立的郡县制体系中，也有一套从中央到地方的监狱管理体制与官吏体系。汉代，封建监狱设置基本完备。现代监狱研究认为，我国的"狱"就是从汉代开始的。汉代时除中央监狱外，各地方官署也都设有监狱，设置令长、丞、狱吏等监狱官吏，从属于地方行政。南北朝时期，社会动荡，狱吏设置基本承接两汉，但狱吏设置数量和种类增多。隋唐时期，我国古代法制达到巅峰，监狱官吏设置更加完备。唐朝的御史台和大理寺均设有监狱和监狱管理官吏，大理寺为"掌邦国折狱详刑之事"，大理寺狱是中央监狱机构，管理设置与大理寺为同一班人员。台、府及各级地方监狱管理职数皆大增。宋朝经历"五代十国"之乱，刑用重典，除了中央监狱"御史台狱"和"大理寺狱"以外，中央各官署和地方各州县普设监狱，狱政制度进一步加强，监狱官吏体系庞大。我国把监狱称为"监"始于元朝。元朝监狱管理带有一定的民族特色。元朝中央设宗正府，设断事官,"秩三品,掌刑政之属"。在刑部设立刑部狱,地方路、府、州、县均设地方监狱,主管官吏基本是转运使、府尹、州刺史县令。明朝时,资本主义生产关系开始萌芽,阶级控制愈发严厉,狱制也愈发缜密,监狱机构及官吏达到前所未有的庞大。清朝监狱是我国封建监狱几千年的集大成者,至清朝"狱"和"监"才合二为一,被称为"监狱"。清朝监狱基本承接明制,分为京、州、府、县四级管理体制,官吏主要是京师刑部司狱、州按司狱、府司狱、县吏目和各监狱典吏,已经具有很强的专业化色彩。

(三)近代社会的监狱警察

我国近现代意义上的监狱始于清末沈家本的监狱改良,改刑部为法部,《大清监狱律草案》规定,监狱归法部管辖,典狱长管理监狱,开办学堂,设监狱专修班,培养监狱警察。自此"监狱警察"的名称开始出现。北洋政府颁行了《中华民国监狱规则》,建立了较完备的监狱组织机构,监狱官吏开始细化分类,有了典狱长、看守长、教诲师、教师、医士、药剂师、技师、看守等官吏人员。国民政府的时期的监狱进一步扩充了北洋政府的监狱设置,设立新式监狱,开办军人监狱,监狱警察进一步细化,警察责任也进一步分工。

(四)社会主义社会的监狱人民警察

1949年以后,我国监狱基本进入社会主义监狱时期,监狱人民警察管理日趋规范。监狱人民警察主要来源于公安队伍,军队转业、复员、退役军人,各级党委、政府抽调人员,新参加工作的人员或农村土改积极分子、国民党时期留用人员。各地政治部门加强了队伍管理工作：一是统一干部任免，二是加强考核，三是加大奖惩，四是加快教育培养。监狱人民警察队伍建设得到快速发展。1983年以后，监狱人民警察队伍建设进一步加快，1994年《监狱法》颁布实施，监狱人民警察第一次在专门法上有了法律专有名称，为监狱人民警察队伍建设铺设了法理路径。2000年，人事部、司法部联合下发《关于监狱劳教系统人民警察实行公务员制度有关问题的通知》则进一步规范了监狱人民警察的招录、考核与奖惩，监狱人民警察管理制度更加完善。

二、现代监狱人民警察的构成

公共性、专门性和职业性是现代警察的三个主要特征。我国有学者将现代警察及其制度概括为职能独立化、组织系统化、职权法治化和装备专门化。按照这一标准，现代监狱人民警察的构成应当包括职能标准化、职权法治化、人员专业化、制度科学化和技术现代化。

（一）职能标准化

警察肩负着执行法律、维持秩序以及向社会提供服务等广泛的职能。监狱人民警察的职能是指监狱人民警察的社会效能和作用，监狱人民警察的职能由国家职能及国家刑事法律职能所决定。监狱人民警察职能标准化是指依照国家刑事法律和国家行政管理制度将监狱人民警察职位固定，职责法定，执法和管理程式化。只有职能标准化，才能确保监狱人民警察执法与管理合法化。

（二）职权法治化

职权法治化包括职权的法定性和行使职权的规则性。职能标准化是职权法治化的前提，在监狱人民警察职位固定，职责法定的基础上，将岗位执法及监狱管理流程法定，以法定程式强制监狱人民警察依照法定流程及职责行使执法与管理权限，约束监狱人民警察的行为，限定监狱人民警察的执法与管理自由裁量权，减少执法任意性。职权法治化是监狱人民警察执法及开展监狱管理的法律保护。

（三）人员专业化

在我国，监狱人民警察主要由二类人员组成。第一类是监狱管理机关的领导，具有直接监管改造任务，且有公务员身份的工作人员；第二类是在监狱从事财务、生产经营，技术管理的公务员；第三类是医疗和教学等公务员。这三类人员各自具有不同的岗位要求。由此监狱人民警察的专业化不仅是在监狱履职的需要，更是监狱岗位的需要。专业化是今后很长一段时间内监狱人民警察管理的必修课。

（四）制度科学化

科学的管理制度是现代监狱人民警察构成不可或缺的重要元素。科学制度是保障监狱人民警察组织系统化、职权法治化的基本条件，也是监狱运行的基本前提。一直以来，我国监狱人民警察队伍管理依靠的是经验和领导者的智慧，粗放且经常反复，致使警察管理制度缺乏稳定性和长期性。制度科学化包含监狱人民警察自身管理制度的科学化，也包括监狱人民警察执行法律和管理监狱制度的科学化。

（五）技术现代化

科学技术一直是监狱人民警察构成的重点内容和基本支柱。没有先进的科学技术作支撑，监狱人民警察便缺少强有力的战斗力，监狱管理质量很难得到大幅度提升。现代警务技术战略已经经历了信息警务、危机警务的警示，监狱则更需要尽快实现专家警务，这是监狱执法与发展的基本趋势。

第二节 新时代监狱人民警察的素质要求

一、新时代监狱人民警察职业的特殊性

作为监狱的管理人员，在不同的国家、同一国家的不同历史时期有着不同的称谓。在我国，根据《中华人民共和国警察法》（以下简称《警察法》）和《监狱法》的规定，监狱管理人员统称为监狱人民警察。监狱人民警察，是我国人民警察队伍中的一个警种，是代表国家和人民执行刑罚任务，对在押犯实施惩罚和改造的人民警察队伍。监狱人民警察是我国人民民主专政的工具，是我国监狱制度的组织实体和主体力量，在整个监狱系统运行中起着主导作用。

（一）功能特殊性

监狱人民警察是国家的一支重要刑事执法力量，在功能上具有特殊性。国家的刑事诉讼活动包括立案、侦查、起诉、审判、执行五大程序。从国家刑事司法活动的目的角度来看，我国刑事司法活动的根本目的是预防和打击犯罪、执行刑罚惩罚和改造罪犯，监狱人民警察担负的刑罚执行工作任务又尤为重要。前面四大程序的中

心任务，是抓捕犯罪人、认定犯罪、判定刑罚，而更重要的是刑罚执行。只有通过刑罚执行，才能将国家的判决落到实处，把罪犯改造成为守法的公民，实现刑罚的根本目的。可见，刑罚执行工作是刑事司法活动中重要的内容。因此，这种特殊的行政管理及其功能，是监狱人民警察所特有的。

（二）角色多重性

监狱人民警察由于工作需要，虽然在警察身份上具有唯一性，是行使国家职权的公务员，但在社会角色上却具有多重性。在执行刑罚的工作中，他们不仅是刑罚执行的具体落实者，也是教育者，担负着教育改造罪犯的工作任务，同时还是组织者，担负着组织罪犯劳动的劳动组织工作。作为监狱人民警察，只有全面履行工作职责，充当好多种角色，才能把破坏社会秩序的违法犯罪分子，改造转化成为守法公民，变消极因素为积极因素。

（三）任务艰巨性

监狱人民警察执行刑罚惩罚改造罪犯的工作中，改造罪犯成为守法公民的转化过程是非常复杂与艰巨的社会工程，这是由工作对象所决定的。监狱人民警察的任务艰巨性，主要原因有3点。

（1）监狱人民警察面对的是危害社会的特殊群体——罪犯，他们不仅犯罪性质复杂、犯罪手段多样，而且有过犯罪体验，思想意识及行为习惯，具有一定的反社会性。

（2）监狱人民警察不仅长年累月同罪犯打交道，而且还要改造他们，对于这些三观早已定型的罪犯，改造工作无疑是艰难的。

（3）监狱人民警察管理监狱活动的手段必须多样性，要学会掌握法律手段、行政手段、经济手段，社会协调手段、教育手段等等，只有充分运用多样化手段和综合治理才能管理好监狱，才能奠定改造罪犯的工作的基础。

（四）环境特定性

监狱人民警察执行刑罚改造罪犯的工作是在监狱环境内进行完成的，监狱具有工作环境的特定性。其主要表现为3点。

1. 工作场所特定性

监狱人民警察代表人民政府在监狱里实施监督管理，维护社会治安。

2. 工作对象特定性

监狱人民警察的工作管理的对象是依法被判处死刑缓期二年执行、无期徒刑、有期徒刑的罪犯。

3. 工作环境封闭性

由于工作对象的特殊和工作岗位的需要，高墙、电网、特殊设施和特殊的犯罪群体，构成了一个独特的工作环境，监狱环境最大的特点在于其封闭性。

二、监狱人民警察的素质要求

监狱人民警察的素质是指为了完成惩罚与改造罪犯的工作任务，监狱人民警察自身应当具备的基本条件。根据监狱工作的性质、特点、发展趋势及创建现代化文明监狱的新形势和新要求，监狱人民警察必须具备以下几个方面的基本素质。

（一）政治素质

政治素质是指监狱人民警察所应当具备的政治立场，思想观念，道德情操等方面的水平或状况。政治素质的高低，不仅决定着监狱人民警察队伍的思想作风和精神面貌的好坏。而且对其他几种素质的形成和发展具有重要的影响。这就要求监狱人民警察必须做到以下几点。

1. 要有坚定的政治方向

政治方向是指监狱人民警察的政治倾向、政治上的理想和信念，以及政治上的努力方向。监狱人民警察代表着国家和广大人民群众的利益和愿望，依法对罪犯执行刑罚。因此，监狱人民警察必须用马列主义、毛泽东思想、邓小平理论以及江泽民"三个代表"的重要思想来武装自己的头脑，坚持党的四项基本原则，严格遵守党纪国法。坚决维护国家的安全和人民的利益，认真履行打击敌人，惩罚与改造罪犯、保卫国家政权，维护社会秩序的社会职能。

2. 要有强烈的事业心

监狱人民警察肩负着党和人民赋予的把罪犯改造成为合格社会人的重任，责任重大，任务艰巨，必须具有强烈的事业心和高度的责任感，忠于国家，忠于人民，爱岗敬业，乐于奉献，恪尽职守，努力工作。

3. 要有良好的职业道德

监狱人民警察既是国家刑罚的执行者，又是改造罪犯的教育者。

特殊的使命要求监狱人民警察既要忠于职守，又要执法如山；既要惩恶扬善，又要文明管教；既要机智勇敢，又要不怕牺牲；既要为人师表，又要廉洁奉公。监狱人民警察应该以自身的行动去教育、感化、挽救罪犯。

（二）业务素质

业务素质是指监狱人民警察胜任本职工作所具有的专业知识和专业技能的有机结合和综合反映。监狱人民警察的业务素质包括3个方面。

1. 要有强烈的法律意识和较高的政策水平

监狱工作是一项严肃的执法工作，政策性、法律性很强。因此，监狱人民警察必须树立起强烈的法律意识，熟练地掌握和运用各种相关的法律制度，正确理解和全面贯彻执行党对监狱工作的方针、政策，准确掌握法律尺度，严格执行刑罚，依法做好监狱的各项工作。

2. 要有系统的教育学、心理学和社会学等方面的知识

监狱人民警察对罪犯依法进行惩罚的同时，更应注重对罪犯的教育改造。监狱人民警察应具有必要的教育学知识，掌握必需的教育学原理和罪犯的犯罪心理，以便对罪犯实行有针对性的教育改造。监狱人民警察还应具有广博的社会学知识，在对罪犯传授文化知识、技能知识的同时，从社会学的角度引导罪犯树立正确的人生观、价值观，从而自觉地矫正自身的恶习。

3. 要有较好的教育口才能力

监狱人民警察罪犯教育口才是适应监狱人民警察从事管理教育

罪犯的职业需要而形成的，必然受我国罪犯教育制度的制约与支配，为维护与实现党和国家制定的罪犯教育工作方针、政策、法律、法规，为实现改造罪犯成为遵纪守法的合格公民和自食其力的劳动者的根本目的而服务。通过监狱人民警察罪犯教育口才活动，宣传贯彻党的罪犯教育工作方针、政策和国家的罪犯教育法律、法规；有计划、有组织地对罪犯进行系统的政治、文化和技术教育；深入细致地做转化罪犯思想工作；充分调动罪犯改造的自觉性与积极性。可以说，监狱人民警察所肩负的神圣职责，多是用语言、口才来完成的。监狱人民警察的说教（谈话、讲评、批评、表扬等），是教育工作中的重要内容。一个个有违法犯罪思想、有恶习甚至心灵扭曲的罪犯，都是在监狱人民警察的舌尖上完成自新、重塑灵魂的。由此可见，监狱人民警察罪犯教育口才不同于社会上作为传递信息、交流思想的交际工具的一般口才活动，它是教育改造罪犯的手段与工具。

监狱人民警察罪犯教育口才主要分为："谈话教育口才""'三课'教育口才""报告口才""队前讲话口才""调查口才"等种类。这也是本书要着重研究的内容。

（三）文化素质

文化素质是指监狱人民警察所应当具有的文化科学知识。《中华人民共和国警察法》对人民警察和担当领导职务的人民警察的文化水平都做出了具体的规定。由于监狱工作的性质和任务所决定，监狱人民警察必须具有一定的文化素质。

1. 政治理论知识

政治理论知识是监狱人民警察正确执行刑罚的理论依据，因此，监狱人民警察必须掌握马克思列宁主义、毛泽东思想、邓小平理论、"三个代表"重要思想、科学发展观、习近平新时代中国特色社会主义思想，特别是马克思列宁主义关于国家与革命的科学理论。要有马克思主义哲学、政治经济学、中国革命史和科学社会主义等方面的政治理论知识。

2. 法学理论知识

法学理论知识是监狱人民警察正确行使刑罚的法律基础，因此，监狱人民警察应当掌握法理学、法律史、宪法、刑法、刑事诉论法、民法、民事诉讼法、行政法、行政诉讼法等法学基础理论和主要部门法律的法学知识。

3. 监狱学理论知识

监狱学理论知识是监狱人民警察正确行使职权的有力武器，在对罪犯的直接管理中，监狱人民警察应当具有监狱史、犯罪学、监狱法学、狱政管理、罪犯教育、经济管理、狱内侦查等方面的理论知识。

（四）心理素质

心理素质是指监狱人民警察在心理过程（认知、情感、意志）和个性心理特征（能力、气质、性格）方面的情况。监狱人民警察是以特殊的人为工作对象，主要是心与心的较量，具有复杂性、隐蔽性、尖锐性、突发性以及理智与情感共同作用的特点。因此，监狱人民警察必须具有良好的心理素质。

1. 要有成熟的自我意识

包括自我观察、自我评价、自我体验、自我监督、自我调节和自我控制。

2. 要有丰富、积极的情感和顽强的意志

监狱人民警察对自己所从事的惩罚与改造罪犯的工作要有必胜的信念，坚持不懈的奋斗精神和克服困难的坚强毅力。

3. 要有良好的心理品质

包括具有正确的世界观、人生观、价值观，全心全意为人民服务的思想和坚韧不拔、百折不挠、处变不惊的良好意志品质等。

（五）身体素质

身体素质是指监狱人民警察的各生理系统和心理系统所具有的质量水平，是监狱人民警察其他素质赖以形成和发展的物质基础。监狱人民警察的身体素质是多方面的，主要包括以下内容。

1. 强壮的体格

强壮的体格既是监狱人民警察身体素质水平的外在表现，又反映了监狱人民警察人体机能的完善程度。强壮的体格是做好监狱工作的基本条件之一。

2. 良好的体能

监狱人民警察的工作环境艰苦，工作任务繁重，工作时间持久，要求监狱人民警察必须具备良好的体能才能应对复杂的工作。

3. 充沛的精力

充沛的精力可以让监狱人民警察在每天的工作学习中更好的集

中注意力，提高效率，保持愉快的心情，始终保持积极向上的、乐观的生活态度。

4. 较强的适应力

监狱人民警察特殊的工作环境、艰苦的工作条件、超负荷的工作强度，决定了监狱人民警察必须具备良好的对环境的适应能力和对疾病的抵抗能力，以便提高工作质量和效率。

第三节 监狱人民警察的罪犯教育口才

监狱人民警察罪犯教育口才是指监狱人民警察在依法对罪犯进行教育改造活动中,为实现惩罚和改造罪犯的根本目的,在运用专业性策略、智慧、技巧上所实施的口语活动才能。监狱人民警察罪犯教育口才是监狱人民警察应具备的基本素质之一。

监狱人民警察是惩罚改造罪犯的主体,担负着对罪犯进行依法严格的狱政管理,科学合理的组织劳动改造,认真细致的灌输"三课"教育的繁重任务,而无论是对罪犯进行监管改造,还是进行劳动改造和教育改造,都离不开监狱人民警察的罪犯教育口才。监狱人民警察的罪犯教育口才是监狱人民警察完成惩罚改造罪犯任务的基本保证,是警察对罪犯进行惩罚和有效改造的斗争武器,是宣传贯彻党的路线、方针、政策和监狱工作方针、政策的必要途径,是威慑罪犯、唤醒罪犯、制服罪犯、打动罪犯、转化罪犯不可或缺的重要法宝。因此,监狱人民警察如果不具备较好的监狱教育改造口才,是难以完成惩罚改造罪犯这一伟大任务的。

监狱人民警察罪犯教育口才是一般口才学理论在监狱工作中的

具体运用和发展，因此研究监狱人民警察的罪犯教育口才不可能离开一般口才学的基本原理，但是，它又具有专业性特点，监狱人民警察的罪犯教育口才直接来源于惩罚改造罪犯的伟大实践，又直接服务于监狱工作实践，推动着监狱工作向前发展。因此，监狱人民警察要想较好地掌握罪犯教育改造口才，努力提高自己的口语表达水平，既要努力学习一般的口才学原理，更要在监狱工作实践中注重积累和提高。

监狱人民警察罪犯教育口才是一种职业化、专业化口才。它是建立在监狱人民警察科学掌握和运用专业性的策略、智慧和技巧基础之上的，这是不同于一般口语表达活动的关键因素。专业性策略是监狱人民警察在惩罚改造罪犯的实践中，在正确理论和思想的指导下而确定的计谋方略、斗争原则和方式方法。专业性智慧和技巧是指监狱人民警察在惩罚改造罪犯活动中所表现出来的聪明才智和灵活多变的方法艺术，包括监狱人民警察机敏的洞察力、深刻的分析力、果敢的判断力、成熟的思维力及得体的处理问题的能力等。而这些专业性策略和智慧，也只有通过口语活动才能体现出来。因此，口才是监狱人民警察运用策略和智慧的重要武器。

（一）监狱人民警察罪犯教育口才的特征

1. 目的直接性

监狱人民警察罪犯教育口才实施的目的非常直接，具体的不外两个方面：一是整体目的；二是具体目的。从整体目的来看，实施监狱教育改造口才是为了有效地对罪犯进行惩罚和改造，从而最大限度地提高改造质量，最终把罪犯改造成为守法公民。从具体目的来看，由于指向的对象和作用的范围不同而表现出差异性，但一般来说是为了解决具体问题，做好各部门的工作，使对罪犯的惩罚与改造工作得以顺利实现和推进。具体目的与整体目的是一致的，整体目的决定具体目的，具体目的服务于整体目的。

2. 服务工具性

服务工具性是指监狱人民警察罪犯教育口才从本质属性上来看是惩罚改造罪犯的服务工具。任何口才都只不过是一种形式、一种手段、一种艺术、一种工具，口才总是要为实施口才的内容服务的，监狱教育改造口才也不例外，它是为惩罚改造罪犯服务的，是维护国家政权、促进社会秩序稳定的工具。由于口才是人的一种口语表达艺术，而人在阶级社会是有阶级性的，因而与人不可分离的口才也必然表现出一定的阶级属性。监狱人民警察所实施的口才，其阶级属性也是十分明显的。监狱教育改造口才既是维护监管改造秩序，坚决与犯罪和罪犯作斗争的一种有力武器，又是抑恶扬善，弘扬正气，保护人民，维护现代化建设的重要工具。不同于社会一般口才活动，它不只是一种传递信息、沟通思想的交际工具与表达艺术，而且是震慑、制服、组织、教育、感化罪犯的一种政治手段，是顺利完成惩罚改造罪犯任务的一种政治辅助工具。

3. 斗争转化性

监狱人民警察罪犯教育口才的服务目标是惩罚改造罪犯，而惩罚改造罪犯是一项非常艰难的工作。由于罪犯所特有的主观恶性，尤其是还没有进入良性改造轨道的罪犯，他们对监狱人民警察所实施的惩罚与改造活动总是抵触的，有些罪犯甚至表现出非常激烈的形式。如有的公开抵制改造、抗拒劳动、甚至还有伺机脱逃等。面对这些顽劣之徒，监狱人民警察当然需要运用法律武器对他们进行严厉制裁，但从惩罚和目的来看，制裁不是目的，根本目的是要改造和转化罪犯。而要实现这一目的，离不开有效的教育改造，而有效的教育改造与口才是融为一体的。优秀的监狱人民警察罪犯教育口才可以揭露犯罪事实，驳斥无耻之谈，批判犯罪思想，开展入情入理的教育，使罪犯心服口服、心悦诚服，达到最终承认犯罪事实，放弃错误观念，走上自新之路的目的。

4. 灵魂穿透性

监狱教育改造的根本任务就是要改造罪犯思想重塑罪犯灵魂。监狱人民警察罪犯教育口才在完成这一根本任务中起着非常重要的作用。监狱人民警察罪犯教育口才可以直接作用于罪犯的思想和灵魂，从而和罪犯形成直接的思想交锋和灵魂较量，由于监狱人民警察的主体地位和事先对罪犯特殊性的分析和掌握，因此，能够抓住罪犯的薄弱环节和思想要害，进行据理力争和理性渗透，从而达到使罪犯幡然醒悟，弃恶求善的功效。

5. 言辞力度性

言辞力度性是指的表达和实施要体现出一定的力量和刚性。由于的服务目标是惩罚改造罪犯，维护监管改造秩序，最终把罪犯改造成为新人，而监狱人民警察罪犯教育口才所指向的对象又大多是些冥顽懈怠的不法之徒，他们或者不服管教，我行我素；或者抗拒劳动，消极怠工；或者拒不参加"三课"学习，投机取巧，偷奸耍滑；

或者屡犯监规，不思悔改，甚至在狱中进行重新犯罪活动。作为与罪犯和犯罪斗争的工具——监狱人民警察教育口才，如果在表达和实施中不带有一定的力度和刚性，不体现出一定的威严和刚烈的气势，就难以震慑罪犯的反改造气焰，使其悬崖勒马，弃旧图新，这是惩罚改造罪犯的必然要求。当然，我们强调言辞的刚性，并不是绝对排斥言辞的柔性，而应该是刚柔相济，做到有理、有利、有节。

第四节
监狱人民警察罪犯教育口才研究内容和方法

一、监狱人民警察罪犯教育口才研究内容

从研究内容来看，监狱人民警察罪犯教育口才属于具体的应用口才的范畴。其研究内容尽管不需要站在口才学的基础上进行全面的、事无巨细的研究，但是一些必要的基本内容不可或缺。

（一）口才

语言是人类最重要的交际工具，是人的思想的直接反映，是人区别于其他动物的本质特征，语言是人类实现交往的最早形式，它随着人类的产生而产生，伴随着人类的发展而发展。自从人类诞生那天起，用语言交流就在人们之间不断进行着、发展着，在现代信息社会中，信息的传递与交流是极其重要的，而在各种信息交流形式中，语言交际又是最生动，最主要的形式之一。

好的口才要求表达者在交谈、演讲、论辩等口语交际活动中，

根据特定的交际任务，切合特定的语境，运用恰当、有效的言辞策略，准确、得体、生动地运用连贯标准的有声语言，并辅之以适当的体态语言表情达意，达到特定交际目的，取得圆满的交际效果。它是一个人的素养、能力和智慧的一种全面、综合的反映。由此可见，有能力的人必定要具备良好的口才。

1. 口才的价值

我国古代有三锋之说：笔锋、剑锋、舌锋。《兵经》上说："言为剑,锋上事。"意思是言锋是剑锋的另一种表现形式,虽然人皆有口,也都可以表达意思，但是由于表达的质量有差别，所以其结果却大不相同。口有才华者能够创造出特殊的价值。

（1）创造力量的价值

人们常有务虚与务实之说。务虚是指就某项工作的政治、思想、政策、理论方面进行研究讨论；务实是指从事或讨论某项具体的工作。简言之，务虚就是要解决精神力量的问题；务实就是要解决物质力量方面的问题。这两方面实际上都离不开口才。

政治概念、政策条文和思想理论等，实际上是作为物化了的文字材料存在着，必须经过宣讲和宣传，才能变成精神的东西。有口才的人，通过高质量的口语宣讲，可以用政治、政策、思想、理论等，武装人们的头脑，统一认识，解决精神领域的问题；把政治、政策、理论等以文字材料存在的概念和条文，变成活的、有一定取向的精神力量。观念的转变是根本的转变，精神领域问题的解决，就为其他问题的解决提供了无形的力量。实际生活中我们常常会看到，在有口才的工作者或领导者那里，思想政治工作就做得好。因此，取得的效益也比较高一些，这可以说就是口才创造的精神力量所产生的价值。

有口才的人，不仅能够鼓动人们的精神力量，而且也能够促进物质力量的产生。正像毛泽东同志所说，人的工作做好了，物质也就有了。由于有口才者拥有口语优势，可以运用其高质量和高品位的语言进行交际，所以他们不仅善于调动人们的精神力量，而且也能够运用自己的口才优势，把这种精神力量转化物质力量，把精神形态的东西，转化为实在的物质的东西。实际上，人们常常会看到，在有口才的工作者或领导那里，由于他们善用自己的口才优势，引导、鼓励，调动人们的积极性，所以他们的事业也能取得良好的效益，这可以说就是口才所创造的物质力量的价值。

（2）推动立废的价值

口语是表达自己和影响别人的活动，因此善于口语者不仅可以在对方头脑中建立某种所期望的观念或形象，而且还能在对方头脑中破除某种所不期望的观念或形象。这就是口才的立废价值。

人是作为社会群体成员生存和活动于社会舞台之上，群体之间既影响着别人，又同时接受着别人的影响。由于人们的社会地位不同，所以往往形成不同的社会态度和价值观念，并期望以自己的社会态度和价值观念去影响别人。为了建立和实现这种影响，有口才的主体就会利用自己的口才优势，借助语言的传速，通过高质量和高品位的言语活动，把自己的态度和观点变成可接受的符号，向对方传递过去，经过一定时间的调和、沟通和淡化，就可以在对方头脑中逐步形成某种所期望的观念和形象，这就是口才所引发的一种建立性价值。

有口才的人不仅可以在对方头脑中建立某种期望的形象而且能够在对方头脑中破除某种不期望的观念并把这种转变变成现实,有口才的人就会运用自己的口才,借助语言的传递功能,通过高质量的和高品位的言语活动,把自己的态度和观点变成可以接受的符号,向对方传递过去,经过中间的调和、沟通和淡化,就可以在对方头脑中逐步模糊和淡漠所不期望的观念和形象。这就是口才所引发的一种破除性价值。

（3）转化矛盾的价值

古人言：谈言微中,亦可以解纷。在中国历史上,智士贤人机智的口才,为国为民排难解纷的事例,实在是不胜枚举。例如最为人们称道的诸葛亮,他未出茅庐之时就作"隆中对",以战略家的眼光,伶俐的谈吐,纵横论天下,使正处于困境之中的刘备茅塞顿开,称道"吾得孔明,犹鱼之得水也。"诸葛亮感刘备三顾之恩,受命于危难之际,只身扁舟过江东,凭着大智大勇,舌战群儒,正言激孙权,巧语气周瑜,硬是凭着一条"三寸不烂之舌",结成孙刘联盟,战胜了号称拥有百万大军的曹操,为刘备以后三分天下打下了基础,由此可以看出,口才在排解困顿,转化矛盾,扭转危局,成就事业中的非凡作用。

世界的事物是复杂的,矛盾是经常发生的,也是普遍存在的。正因为如此,所以常常发生各种各样的纷争,甚至战争,给人类社会带来很多精神上的创伤和物质上的损失。如何解纷息争呢？当然需要交谈、交流和谈判,而交谈、交流和谈判,又离不开口语的表达功能。社会和人际之间的矛盾是经常发生而又普遍存在的,所以解纷息争的口语表达，其运用频率也就最高。矛盾有大有小，有轻也有重，矛盾的解决也有化解矛盾、淡化矛盾、消除矛盾、转化矛盾等多种形式，但是不管取何种形式，都需要调动当事者的口语表达才华，才能达到预期的目的；而且当事者的口才愈好，解决矛盾的品质也就愈高。沧海横流，方显出英雄本色。古今中外有多少思想家、政治家和外交家，当某种社会矛盾发展到白热化程度时，挺身而出，凭着自己的"三寸不烂之舌"，游说四方，纵横捭阖，经达权变，转化矛盾，力挽狂澜于既倒，拯救民众于倒悬，硬是拨正历史，扭转乾坤，成就一番事业。由此可见，一舌虽柔，却能力举万钧；两唇虽弱，却能撼动山河。孙子说："声不过五，五声之变，不可胜听也；色不过五，五色之变，不可胜观也；味不过五，五味之变，不可胜尝也。战势不过奇正，奇正之变，不可胜穷也。奇正相生，如循环之无端，孰能穷之哉？"是啊，两唇相击，其音屡屡，然而舌锋纵横，却可卷起万千雷霆。真正口才者之言，其变化无穷，其力量也无穷。

（4）提高生存质量的价值

口才，不仅可以创造奇迹，治国安邦，建功立业，而且能够提高个人的社会生存质量。

司马迁说过：人固有一死，或重于泰山，或轻于鸿毛。这里说的是每个人死的质量是有区别的。那么，人生存的质量是否有区别呢？我们如果细加品味就会发现，有的人顺顺利利，生活安定，谋事有成；有的人则坎坎坷坷，步履艰难，生活道路曲折。其实，人们的生存质量也是有差别的。为什么会有种种差别？原因当然是很多、很复杂。但是,其中可能会有一个很重要的原因,那就是缺乏口才,或虽有口才而运用不当。事实证明,一个人有无口才,或能否正确地运用自己的口才,将会直接影响其生存条件和生存质量。这是因为:有了口才,便于参与社会交际,既能够让别人了解自己,又能够影响别人;有了口才,便于咨询别人,既能够收集掌握社会信息,又能够学习别人的先进经验;有了口才,既可以提高自身的社会竞争能力,又可以为自己创造成功的机会;有了口才,既可以创建一个良好的人际环境,又可以积极地防备别有用心者的恶意中伤,如此等等。古人讲:工欲善其事,必先利其器。无论从哪个角度讲,口才都是个人随身常备的武器,应当使它变得科学而有效,才能有助于提高自己的生存质量。

(二)监狱人民警察的罪犯教育方法

研究监狱人民警察的罪犯教育口才,除了基本的口才研究,就必然要对什么是监狱人民警察的罪犯教育以及监狱人民警察的罪犯教育所采用方法有所了解。所以,监狱人民警察的罪犯教育方法也是本书的研究对象。

监狱人民警察罪犯教育是监狱人民警察对罪犯所实施的有目的、有计划、有组织的系统影响活动。教育的目的是通过教育促使罪犯转化思想、矫正恶习,使其成为遵纪守法的合格公民和自食其力的劳动者。

1. 监狱人民警察罪犯教育的特点

监狱人民警察罪犯教育与社会上各类学校对一般人的教育相比,

在教育目的、教育主体、教育对象、教育内容、教育方式和方法上，都有着明显的差别，它是一种特殊教育。

（1）具有明确的改造人的方向性

监狱人民警察罪犯教育的对象是罪犯。对他们进行教育的目的是为了转化犯罪思想、矫正恶习，使其出监时成为遵纪守法、具有良好生活方式和行为习惯，并掌握一定文化知识和劳动技能的人，即改造他们成为新人。这种改造性的教育是由监狱通过监狱人民警察来具体组织实施的。

（2）具有明显的强制性

监狱人民警察罪犯教育是一种强制性的教育管理，因此其本质属性也必然带有强制性，它是依据国家罪犯教育法律、法规、规章，以国家的强制力为后盾，在限制罪犯一定人身自由的严格管理条件下实施的，而并非罪犯一开始就自觉自愿的。监狱人民警察是作为国家行政执法机关的监狱中具体实施罪犯教育工作的人员，教育过程中有严格的监规纪律约束，伴之以严明的奖惩措施，这些都体现出监狱人民警察罪犯教育的强制性。当然，强制性只是监狱人民警察罪犯教育的外部特征，要真正达到教育目的光靠强制是不行的，还必须善于激发罪犯接受教育的积极性，讲究教育艺术和方法，使他们真正自觉自愿地接受教育、得到改造。

（3）具有教育内容的综合性

监狱人民警察罪犯教育是一种综合性很强的教育，其内容既包括思想政治教育，也包括文化知识教育和职业技术教育。在这三大教育内容中，思想政治教育是核心，技术教育是重点，文化教育是基础。监狱人民警察对罪犯教育必须着重于对罪犯转化思想、培养品德、矫正恶习、养成遵纪守法的良好行为习惯，思想政治教育要寓于其他各项教育内容之中。

（4）具有教育方式、方法的多样性

监狱人民警察罪犯教育的方式、方法应根据罪犯教育的性质、特点和罪犯的实际情况来选择、采用。应坚持入监教育、常规教育和出监教育三个阶段，坚持集体教育、分类教育、个别教育、辅助教育与社会教育相结合，并在教育实践中不断探索更切实有效、丰富多彩的教育方法。

2. 监狱人民警察罪犯教育的方法

从大的方面讲，监狱人民警察罪犯教育的方法主要有5个。

（1）集体教育

集体教育是监狱人民警察针对罪犯的共同特点，以解决他们带有普遍性的问题为目的，把他们集中起来进行教育的方法。集体教育教育面广，有一定的声势和严肃的气氛，有利于形成良好的改造环境，也有利于培养罪犯的集体主义观念和遵守纪律的习惯。集体教育的形式主要有：队前讲评、作报告、开大会、集体参观、辅导讲座等等。本书所研究的是在队前讲评、作报告这两项集体教育中监狱人民警察所运用的口才。

（2）个别教育

个别教育是监狱人民警察针对罪犯的个别、特殊问题，对他们进行单独教育的方法。个别教育是监狱人民警察与罪犯面对面的思想交锋，是细致而又灵活的思想教育工作，必须坚持针对性强、有的放矢的原则。要以认罪认错、做"四有"新人为中心进行。要针对罪犯的认罪认错情况、家庭情况、性格特点、现实表现和近期思想动向制定教育方案，讲究教育效果。要掌握罪犯思想转化的最佳时机，做到及时教育，对罪犯反映的问题要及时处理。个别教育的主要形式是个别谈话，个别教育的重点是做好难改造人员的转化工作。因此，谈话教育口才和调查口才也是本书研究的内容。

（3）分类教育

分类教育是监狱人民警察根据罪犯的不同情况，将罪犯划分成几种类型，有针对性地进行不同形式不同内容、不同要求的教育。分类教育是介乎集体教育和个别教育之间的重要教育形式，集体教育解决的是罪犯普通共性的问题，规格高、规范性强，震动性大，有其不可替代和不可忽视性，但是集体教育毕竟是一种"笼统式"教育，很难解决不同罪犯类型所特有的矛盾和冲突，也不能真正深化到类型深层进行教育矫治，因而有其局限性和特定性。罪犯个别教育是对单个罪犯针对其特殊性所开展的行之有效的教育矫治活动，因而其效果最好，作用最大。但是，个别教育是建立在罪犯个案矫治制度的基础之上的，由于当今社会罪犯的极端复杂性，罪犯个别教育已不同于20世纪80年代以前的个别教育，它难以通过几次谈话和关爱罪犯就能把大多数罪犯转化过来，它需要建立在科学评估和科学测量的基础上，运用多种矫正手段的综合作用方有可能转化罪犯，这不仅对矫正手段的运用提出了高要求，而且对监狱人民警察的素质提出了高要求，如果民警没有良好的教育矫治素质和专门训练，往往难以适应这一工作。另一方面，罪犯个别教育的普遍推广，势必需要大量的教育矫治民警,而当前我国监狱民警状况不容乐观,不少监区一线警囚比只有5%~7%,有的监区甚至还达不到这一比例,在这种情况下,普遍推广和深化开展罪犯分类教育则具有一定现实性。分类教育既不像集体教育那样宏观,也不像个别教育那样费时耗力,而是把教育矫治的工作重心放在对某一类型的重点攻关和深入剖析上,切实找准矫治某种类型罪犯最有效的措施和途径,且常抓不懈,重点突破,抓出成效,并在此基础上进行筛查和测评,对效果不明显的罪犯再运用个案矫治措施,对其进行个别教育矫治突破,最终战胜和改造罪犯。

根据有关法规、规章规定,监狱必须针对罪犯的罪错性质进行分类矫治教育,按照罪犯所犯的案情性质分为财产型、暴力型、淫欲型、毒品型与其它类型。分类教育则按罪犯所犯罪错性质的类型编班,采取课堂教学为主,个别教育与开展多种形式教育活动相结合的方式进行。作为分类教育的主要方式,"三课"教育口才也是本书研究的内容。

(4)辅助教育

辅助教育是监狱人民警察配合正规教育,组织罪犯采取业余自学和集体活动等形式进行的种种有意义的活动。辅助教育的主要形式有:开展文艺体育活动,收听收看广播、电视、电影、录相,阅读书报杂志,编写"小报"和办黑板报、墙报等。

(5)社会帮教

社会帮教是指动员有关社会力量来监狱配合监狱人民警察对罪犯进行思想教育。监狱要主动与区县以上人民政府,大型厂矿、企事业单位签订联合帮教协议；负责教育改造工作的大（中）队可直接与罪犯的家属，原工作单位或当地公安机关、居委会，村委会签订帮教协议。要加强同当地党、政、工、青、妇、社会各界的联系，有目的有计划地邀请各级领导与知名人士来监视察或聘请为辅导员，帮助指导工作。要邀请报社，电台、电视台等新闻单位来所参观采访，宣传报道监狱工作的成就与先进人物的事迹、工作经验，不断扩大社会影响。邀请社会上英模、先进人物知名人士和解教后表现好，并做出显著成绩的典型人物来所作报告，配合做好教育改造工作。应根据教育改造工作的需要，组织罪犯到社会参观学习，参加社会公益活动。

在辅助教育和社会帮教中，监狱人民警察所运用的口才与集体教育、个别教育、分类教育中基本重合，就不一一赘述了。

二、监狱人民警察罪犯教育口才的研究方法

口才是人类社会特有的宝贵财产，是人类社会生活的重要组成部分。随着社会的发展，文明的进步，人们开始从不同的角度探索口才的奥秘，以揭示形形色色的口才背后所隐藏的规律。当然，作为工具的口才与司法专业领域相结合，形成交叉，又给了口才学研究新的启示。

（一）宏观层面的思维方法

要研究监狱人民警察的罪犯教育口才，首先必须以马克思主义的认识论和方法论作为指导，坚持唯物主义的基本观点，以马克思

主义实践第一的观点作为监狱人民警察罪犯教育口才研究的基本思维方法。监狱人民警察罪犯教育口才本身不是凭空产生的,而是来自于真实可感的司法实践的,正因为如此,监狱人民警察罪犯教育口才研究不能闭门造车,凭空想象,而是应该立足于不用的时代、不同时代的司法实践和监狱教育环境,实事求是。可以说,口才、教育口才、监狱人民警察罪犯教育口才的一切规律都来自于人类社会千百年以来的司法实践,并且随着社会变迁和法治进步而不断演进。在研究监狱人民警察罪犯教育口才的过程中,我们应该始终坚持理论与实践的高度统一,保持理论与实践的紧密联系。从古代的惩戒、肉刑到新中国初期的单纯监禁,从 80 年代的分类教育到现在的"三课"教育,都给监狱人民警察罪犯教育口才的研究提供了大量的样本和资料,提供了许多颇有价值的素材。为了总结监狱人民警察罪犯教育口才的历史经验教训,为了使监狱教育改革背景下的监狱人民警察罪犯教育口才更好地为法治中国建设服务,应当坚持辩证的发展的观点,既要总结以往监狱人民警察罪犯教育口才的成功经验,又要总结其中的不足与教训,更重要的是要用发展的眼光对待监狱人民警察罪犯教育口才的改革。

其次,应该认识到,监狱人民警察罪犯教育口才研究是前人关注不多但是却颇有意义的工作。监狱人民警察罪犯教育口才是一个交叉性、综合性的学科。要研究监狱人民警察罪犯教育口才,需要运用口才学、法学、语言学、逻辑学、社会学等方面的知识,从多个维度进行研究。从监狱实践中的实例和监狱人民警察罪犯教育口才样本的个体特征为出发点进行分析、演绎和总结。因而,研究监狱人民警察罪犯教育口才需要从细微处入手，从不同的个案中提取经验并且加以总结，这样形成的理论才会更加有依据，更加具有说服力。

（二）监狱人民警察罪犯教育口才研究的具体方法

1. 访谈调查法

笔者曾经走访过陕西数个监狱并在女子监狱调研半年，期间，访谈了数十位监狱人民警察，查阅了数百份谈话教育笔记，其中既有工作经验丰富的老警察，也有刚参加工作不久的新警察，尤其是对他们教育成功的实例运用的口才技巧进行归纳总结，从而为本书的完成提供了坚实的实践基础。

2. 统计分析法

面对数量庞杂的监狱人民警察罪犯教育口才实例，需要运用统计分析的方法，把个案中形成的具体的监狱人民警察罪犯教育口才的方法进行综合比较，形成具有规律性的经验材料，从而可以保证监狱人民警察罪犯教育口才研究的精确性、科学性、实用性和完整性。

第二章

监狱人民警察谈话教育口才

第一节 监狱人民警察谈话教育口才概述

一、谈话教育口才的认识

监狱人民警察谈话教育口才是指在管教工作中,监狱领导、监区负责人及民警针对罪犯个体情况和特殊问题,对他们进行单独谈话教育口才的活动,以便了解罪犯的现实表现、思想状况,充分运用专业知识、方法及技巧,有规划地、单独地同罪犯进行的口头交谈的一种口才活动。在谈话中监狱人民警察要注意以下几点:首先允许罪犯自由表达。谈话是重要的信息沟通方式,有提问有回答,要允许罪犯自由的表达自己的想法及意见,监狱人民警察才能了解罪犯的思想与存在的问题,因此,为了达到了解并疏导罪犯思想的谈话目的,监狱人民警察应以适当的方法、技巧启发罪犯自由表达,允许其对自己思想言行方面的过错做出陈述、申明与辩解,充分发表不同意见。监狱人民警察则根据其反馈信息,及时准确的做出判断,有针对性进行疏导、解释、说明、训诫,达到个别教育的目的。其次,谈话内容体现矫正性。谈话是对罪犯进行矫正改造的主要形式，是监狱人民警察最经常、最普遍运用的一种改造罪犯的方法。谈话的目的是对罪犯进行思想矫正，以促进其反社会思想与错误言行的发生转化。谈话的目的决定了监狱人民警察谈话口语表达的内容必须体现出教育性。

对罪犯的思想教育是一项艰巨、复杂、细致的工作。对于不同类型的罪犯及其存在的种种问题，监狱人民警察在谈话口语表达过程中运用适宜的智能、谋略与技巧，将具有一定针对性的教育内容充分表达出来，就会产生循循善诱，潜移默化的教育作用。

监狱人民警察谈话教育口才因人而异、因时制宜、对症下药，因此它的实施不可能有固定的模式。但作为一项完整的教育工作，它包括几个基本步骤。

（一）了解罪犯的基本情况

每次谈话前，要先了解谈话对象的主要问题和问题的症结所在，熟悉罪犯简历及其亲友和社会关系，了解罪犯的个性特点、气质特点等。

1. 查阅罪犯的有关档案资料，调查了解罪犯的基本情况

了解罪犯的基本情况主要从查阅罪犯的档案资料入手。罪犯的档案资料内容归纳起来主要包括以下几点。

（1）《监狱法》等规定的法律文书

包括检察院的起诉书副本，法院的判决书、裁定书、执行通知书、罪犯结案登记表、资料凭证。监狱人民警察从执法文书中搜集新收罪犯的基本情况。

（2）罪犯成长史、社会史

年龄、受教育状况、生活经历、家庭社会关系、生理状况（指纹、体貌特征、血型）、智商、劳动技能（被捕前的劳动或工作经历、技术专长）。

（3）犯罪基本情况

罪名、刑期、刑种、犯罪事实、犯罪动机和目的、犯罪原因、是否累犯、有无前科、故意犯罪还是过失犯罪、犯罪类型等。

（4）其他

思想品质、道德情操（包括"五观"：世界观、人生观、价值观、法制观、道德观）、心理特征（个性、气质、情商）、行为特点、犯罪原因、申诉情况、对法院判决定性与量刑的态度、对司法人员的态度、对服刑的态度和情绪、危险性（狱内违反纪律、又犯罪的可能性，如脱逃、行凶、自杀、自伤、自残等诸方面的倾向）、可改性、反社会性、主观恶性、贪婪性、逃避性等。

2. 向罪犯本人及其家属了解情况

在掌握上述基本情况的基础上，应该直接找罪犯了解其自身情况，主要为了了解罪犯的个人经历、犯罪事实（包括过程）及其原因、服刑改造以来的主要表现，特别要了解对定罪量刑、认罪悔改的基本态度。在了解的过程中，要让罪犯在相对缓和的气氛中有充足的时间充分地阐述自己的看法。除了向罪犯本人了解情况外，还应通过各种途径向其家属及他犯了解情况。

3. 到学习、劳动、生活三大现场观察了解罪犯情况

由于监狱特定的环境和制度约束，罪犯往往并不会完全暴露其真实思想，要搞好个别教育，不能光听罪犯自己讲，也不能光在罪犯的认罪书、思想汇报中找根据，更不能一味听信罪犯小组、包夹罪犯等方面的汇报。警察只有"沉"到罪犯的学习、劳动、生活三大现场中去，去认真仔细地观察罪犯的服刑改造态度是否进入罪犯改造角色、是否言行一致等，这样才能为施教提供可靠的依据。

4. 分析谈话教育对象

在查档、谈话、测试、走访、观察等基础上，为了达到预期的效果，警察应当认真分析罪犯的个性心理特点和思想症结，预见个别谈话中可能出现的问题，把握解决问题的策略，制定个别谈话教育的对策预案，从而有针对性地对罪犯进行个别谈话教育。分析教育对象是一个认识不断深化的过程，不可能一次就能完成对教育对象的全面分析，分析的结论也不可能一成不变，制定的措施更要在实践中加以检验和修正。

（二）谈话教育口才的实施

要营造合适的谈话氛围，根据不同的谈话对象与谈话内容分别营造宽松或严肃的谈话氛围。同时，要讲究谈话的方法与技巧，根据不同的谈话对象和说话内容综合运用灌输说理、训诫批评、倾听点拨、调解劝导等谈话的方法和技巧。

1. 罪犯新入分监区的

要帮助其注意角色的转换，要求警察了解罪犯的成长史、犯罪史和罪犯的家庭状况、身体情况等基本情况（有同案犯的，应了解其群体的情况），听取罪犯对自己的评价和对自己犯罪情况的陈述，对其个人做出一个初步的综合评定，同时对罪犯个人进行监规纪律教育，强调各项政策，向罪犯明确其权利和义务；对监狱、监区和分监区变更的罪犯，除上述应该了解的情况外，还应了解罪犯在原服刑单位的改造情况。

2. 罪犯的处遇变更，或岗位变更的

要求警察了解罪犯处遇，岗位变更的原因，并听取罪犯在原处遇，原岗位时的改造情况的自我总结和评价，对罪犯在原处遇、原岗位时的改造情况作一个系统小结，好的方面给予肯定、鼓励，不足之处予以指出，责令纠正；同时明确处遇、岗位变更后应当遵守的各项制度和需要完成的改造任务及具体要求，促使其较快地适应新的处遇和岗位。

3. 罪犯受到行政或刑事奖惩的

要求警察在了解罪犯受到行政或刑事奖惩原因的基础上，开展谈话教育。在罪犯受到行政或刑事奖励时，警察的谈话应在肯定其改造成绩的情况下，对其改造中存在的不足予以指出，使其克服骄傲情绪，争取更大成绩；在罪犯受到行政或刑事惩罚时，警察应对其在改造中的所犯的错误予以明确，帮助其分析罪错的原因和改进的方式方法，进行有针对性的个别教育，同时一分为二地肯定其改造中好的方面，面对未来，树立信心。在罪犯受到奖惩的特殊时期，通过有针对性的个别教育，使其在取得成绩时不骄傲自满，受到惩罚时不消极改造、自暴自弃，从而消除监管改造中的不稳定因素，促使罪犯走上积极改造之路。

4. 罪犯在日常改造中发生矛盾或冲突的

要求警察全面了解罪犯发生矛盾或冲突的情况，尽最大可能地进行冷静处理，力争摸清罪犯现阶段人际关系的处理状况和情绪状态，耐心听取发生矛盾和冲突的罪犯的自我表述，找出发生矛盾和冲突的罪犯产生矛盾或冲突的根本原因，明确矛盾或冲突的性质，对其所犯的错误必须责令纠正，同时充分利用监规纪律的相关规定，对发生的矛盾或冲突进行针对性教育。

5. 罪犯离监探亲的，或家庭出现变故的

对离监探亲的罪犯，要求监狱人民警察了解离监探亲罪犯的基本情况和改造情况，利用政策的奖励，进行针对性教育，感化罪犯，进一步促使其积极改造，同时明确对罪犯离监探亲时应当遵守的各项纪律和应注意的各项事宜，强化其守法意识；对家庭出现变故的罪犯，在稳定罪犯情绪的前提下，了解其家庭状况、个人情况以及发生变故的具体情况，了解罪犯对变故的反应，个别教育应及时、有效，且要有针对性，切实了解罪犯的真实想法，以此采取针对性措施，如给其办理"特许探亲申请"、拨打亲情电话等，以达到妥善处理罪犯个人与家庭的问题、教育个犯、感化群犯的目的。

6. 罪犯无家庭联系或无人会见的

要从关心、关爱角度出发，询问罪犯无亲情联系的原因、日常生活中的困难、情感问题，在此基础上，再采取相应措施，做到尽可能帮助，但对办不到的事情，不要轻易许诺，防止教育过程中被动。

7. 罪犯行为反常或情绪不稳定的

有异常表现的,要注意谈话技巧,重视谈话过程中的引导,在循循善诱中让罪犯能宣泄自己的不良情绪,并从中掌握罪犯行为反常、情绪不稳定或有异常表现的真实原因,在此基础上,再做好谈话教育,切忌简单草率和三言两语。

8. 罪犯主动要求警察谈话的

要求以倾听为主,从中把握罪犯思想脉搏,或所反映的情况。

9. 监外执行或出监前

重点对罪犯要做好形势、政策、前途教育,遵纪守法教育,或必要的就业指导教育,为罪犯回归后应对来自治安、安置帮教、社会保障等各方面的问题做好其思想准备,努力使其能顺利回归社会。

10. 其他经分监区会议认定的情况,或主管警察认为有特殊情形的,教育工作视情开展

监狱要把日常的管理工作乃至监狱和社会各种力量融合到谈话教育中去,要注意调动罪犯接受教育的积极性。监狱人民警察谈话教育口才不管如何深入细致,充其量只能是外因,只有罪犯接受教育的积极性这个内因起了作用,转化才能真正发生。

(三)谈话教育口才的善后工作

1. 做好谈话教育记录

对罪犯进行上述谈话教育的情况,记录在《教育记录本》上,该类记录列入工作保密要求,并必须记载下列内容。

（1）必须写清谈话教育的原因和具体事由。

（2）必须明确谈话教育的目标。

（3）必须记录谈话教育的过程.包括时间地点、谈话人、谈话内容和谈话效果。

（4）必须做好谈话后的分析及所要采取的对策措施。

2. 对特别谈话教育，列入分监区每周的犯情分析会

主管警察应当在会上汇报主管小组罪犯的谈话教育情况，管教员及时做好情况登记，并作为谈话教育工作的考核依据。

3. 预测并跟踪谈话效果

（1）把经过谈话教育有了转变的罪犯因人制宜地放到学习、劳动、生活卫生的实际改造中去，引导他们巩固和发扬已经取得的进步。对谈话效果不理想的 要分析原因，采取措施，继续强化谈话教育。

（2）对通过谈话发现有危险因素或有犯罪迹象的罪犯应及时向监区和监狱有关部门汇报，并采取相应的控制措施。

二、监狱人民警察谈话教育口才的技巧

（一）因人而异

因人而异就是根据每个罪犯的不同情况或问题，不同的个性特征与环境，施用不同的口语表达技巧。

监狱人民警察谈话教育口才运用是否成功，关键在于了解谈话对象即罪犯的所有情况，以便采用其乐于接受的谈话口语表达方式

和方法。在进行谈话教育之前应该掌握罪犯的如下情况。

1. 自然状况

包括年龄、出身、简历、体质、原职业、专长、家庭成员、主要社会关系、家庭经济状况等。

2. 违法犯罪情况

包括罪错性质、原因、过程、危害、认罪错态度、恶习程度、是否"二进宫"或"多进宫"等。

3. 个性心理特征

包括气质、性格、情感、意志、兴趣、爱好、特长、心理平衡能力等。

4. 知识与能力

包括文化程度、专业知识、思维能力、理解能力、接受能力等。

5. 现实表现

包括认罪认错态度、日常改造生活中的表现、遵守所规纪律情况、与其他罪犯的关系、是否受过奖励或惩罚、近期思想动向等。

总之,每个罪犯的情况、问题、特点都不尽相同,警察应遵循针对性强、有的放矢的原则,在进行谈话教育时的语调,措辞的激烈程度,面部的表情等,都应体现出管教人员的态度。在谈话时,运用和善的口气,平缓的语速,和平的面容,向罪犯了解情况或作疏导说服工作,会使罪犯乐于接受。但对经常违反所规纪律,屡教屡犯,恶习较深,态度顽劣的难改造罪犯,则应明确表示出义愤之情,应言辞激烈、锋利、声色俱厉、语速加快,以震撼其心、促其觉醒、悬崖勒马。

（二）把握最佳时机

监狱人民警察只有善于捕捉和把握谈话教育口才运用的最佳时机，才能使其谈话收到预期的效果。

1. 根据罪犯容易产生思想变化的不同情势确定谈话时机

（1）在上文阐述过的"十必谈"规定的情况出现时。如：罪犯刚刚进入监狱时，受到奖励和惩罚时，节假日或有喜庆事时，受到委屈、心绪不宁或遭遇困境时，由于受某人某事影响而被感动时，罪犯有转变迹象时，有反常情绪可能违规或又犯罪时。

（2）要选择罪犯情绪相对稳定的时间。除特殊情况外，一般不宜在罪犯极度烦恼、悲伤、盛怒、兴奋或忧虑时谈话。

（3）要根据谈话内容确定谈话时间的长短。一般的谈话可控制在30分钟左右，解决一两个亟待解决的问题，不宜面面俱到、包罗万象，更不应翻来覆去地重复，"马拉松"似的长谈往往只能收到事倍功半的效果。

2. 根据罪犯不同作息时间合理安排谈话时机

监狱人民警察在实施谈话教育口才时一般会优先选择罪犯精力能够集中的时间，例如饭后、睡前、劳动休班时间。在罪犯神经松弛、精力充沛时与其谈话，能使罪犯集中思想做好应答。其次选择环境气氛与罪犯的心理与谈话内容相协调的时间谈话。例如，逢年过节罪犯心情愉快，思家心切，此时与其谈一些积极改造、回归社会、亲人团聚类的话题，能给罪犯以鼓舞；发生工伤事故后罪犯惊魂未定，此时与其谈遵守劳动纪律，注意安全的必要，有利罪犯吸取教训；

生产任务繁重的季节罪犯易产生畏难情绪，此时与其谈劳动改造的意义，有助于稳定其改造情绪。

在谈话时地点的选择也很重要。要根据不同环境氛围捕捉谈话时机。在谈话教育口才实施工作中，具体选择什么样的地点为宜，要根据罪犯个体的特点、所要解决问题的性质、教育时机、问题难易程度、采取什么方法等而定。

（1）选择双方都能听得见、听得清、听得准的地方谈话，避免嘈杂、喧闹和干扰过多。例如工作繁忙的办公室、人来人往的过道、紧张忙碌的工地、车间都不适宜作为长时间谈话的场所。

（2）选择安全的环境，避免在没有安全保证的地点谈话。例如不能选择空旷无人的山头、水边与顽固犯、长刑犯、累惯犯、危险犯和脾气暴躁、情绪反常的罪犯进行制约性、训诫性谈话。例如对疾病伤残的罪犯进行劝慰性谈话，宜在其病床前；对积极改造、态度转变明显的罪犯进行勉励性谈话，宜选择宽松、幽美的环境；对犯有严重错误的罪犯进行制约性、训诫性谈话，应选择严肃的办公室内；对罪犯谈某些隐私性话题，不应在其他罪犯能听见的地方进行。

（3）选择严肃性程度不同的环境进行教育。在监狱内，不同的谈话教育地点、场所的选择，对罪犯产生的心理影响是不同的。比如在狱内谈话室或警察办公室谈话，可以增强谈话的严肃性，引起对方思想的重视，便于监狱人民警察直接掌握罪犯心理变化，例如诫勉谈话、调查取证等需要到这类场所进行；在监舍值班室、工地值班室谈话，虽然都是室内谈话，但环境的严肃程度要低一个层次，可以使对方谈得轻松，便于双向交流，这类场所适合于布置任务、收集情况、辅导教育等等；在工地场所或其他活动场所，可以使对方思想上消除警戒，很自然地谈论问题，接受教育。

值得注意的是，谈话教育的时机有很强的时间性，当急则急，当缓则缓，一定要掌握住"火候"，错过了时间，时机便不复存在，而要想真正捕捉到谈话教育的有利时机，就应该广泛深入到罪犯之中去，多观察、多分析、多思考，大量地及时地搜集和掌握罪犯的动态和信息，使警察对罪犯做到心中有数，一清二楚。只有这样，才能及时正确地把握住谈话教育的有利时机。

3. 克服不良谈话习惯

监狱人民警察为了提高与罪犯的谈话效果，在谈话教育口才中要要克服如下不良的谈话习惯。

（1）随便打断罪犯的发言，扰乱其思路。

（2）东拉西扯，不着边际，不善解释和概括，使罪犯难以领会你的意图。

（3）注意力不集中，让罪犯多次重复同一个谈话内容。

（4）咄咄逼人，连珠炮似地连续发言，使罪犯穷于应付。

（5）听罪犯说话漫不经心，使其感到无谈话诚意和不被尊重。

（6）随便解释，轻率下结论，使罪犯失去与你谈话的信心。

（7）避实就虚，含而不露，让罪犯迷惑不解。

（8）过分强调与主题无关的细枝末节，使罪犯厌倦。

（9）当罪犯对某一话题兴趣很浓时，你却表示不耐烦，使其产生被歧视之感。

（10）答复罪犯的提问敷衍搪塞，不关痛痒或答非所问。

另外，监狱人民警察谈话教育口才运用技巧还有旁敲侧击、疏堵结合、刚柔相济、强化自身素质、恰当运用身体语言等，不再赘述。

第二节 告知性谈话口才评析

告知性谈话口才是指监狱人民警察对罪犯进行任务安排、工作布置、指令发布等活动的一种谈话方式。告知性谈话口才是一种信息的传输过程，在管教工作中警察运用较多，是常用的一种谈话方式。

一、告知性谈话口才技巧

（一）观察罪犯的表情神态

进行告知性谈话，警察绝不能把谈话过程仅仅理解为"告"与"知"的简单活动，而应在"告"的同时，注意观察罪犯的表情神态，并根据其态度的细微变化，随时加以必要的说明、解释、诱导和教育，以保证谈话取得积极的效果。语言清晰、明确，最好让罪犯复述，看其是否明确。

（二）考虑罪犯的心理反应

警察对罪犯进行告知性谈话不应简单行事，而应慎重对待。要充分考虑到谈话可能使罪犯产生的心理反应,尤其是消极反应,并在谈话前做好充分的对策准备。

(三)打消罪犯的思想顾虑

在告知谈话过程中,警察不仅要讲清楚告知的具体内容,即指令的真实内涵,而且要围绕这一内容进行有针对性的解释、宣传、动员和鼓动,以使罪犯打消不必要的思想顾虑,轻松愉快地接受任务,完成工作。

(四)缩短罪犯的心理距离

告知性谈话虽然属指令性谈话,但警察在言辞表达和表情方面一般不宜过于庄重和严肃,除非是对罪犯宣布处分或处理结果,而应表现出语气温和、态度和善、语调亲切的场面,从而缩短警察与罪犯之间的心理距离,使罪犯对警察表现出信任和感动,使谈话达到沟通、勉励和激发的功能。

(五)分析罪犯的个性心理特征

告知性谈话还要求警察要分析罪犯的个性心理特征,对能直接接受信息的罪犯可采取开门见山式,然后再做解释和动员;而对不能直接接受信息的罪犯则要采取迂回式,即先解释、动员,先沟通感情,待双方达到心理相融时再告知信息,这样则容易接受,而不容易产生抵触对立情绪。

二、评析

某监狱人民警察,为通知罪犯赵某调至厨房劳动,同该犯进行了一次谈话。谈话中由于该警察较好地运用了谈话口才的方法与技巧,致使赵某对警察的关怀深表感激,对新的劳动任务欣然接受。

某日上午,警察把赵某叫到中队办公室,与之进行了一次谈话。

赵某:报告,干事说,你找我有事儿?

警察:对,有点事儿。你先坐下,坐下来谈。

赵某:是。(坐在警察对面的一把椅子上)

警察:赵某,你最近改造还好吗?

赵某:挺好的,早上队长还表扬我昨天超额完成任务。

警察:那就好。你也快出监了吧?

赵某:本来还有几年,去年政府给我减刑了。快了,快了……(神情喜悦)

警察:怎么样,减刑以后,没松劲儿吧?

赵某:队长,我松没松动儿,你还不清楚?政府给我减刑,是鼓励我,我哪能松劲儿呢!

警察:那就对了。不过,你身体怎么样?干体力活还能行?

赵某:行,队长,我身体结实,没什么大病;再说,我从小就干农活儿,干惯了,没事儿。

警察：你有这个干劲儿，我们相信你干啥都能干好。我今天找你是这么回事儿，在厨房干活的犯人，有一个明天到期出监。我们商量了，准备把你调过去。你有什么想法没有？

赵某：（迟疑地）我……

警察：（关切地）怎么，有什么困难吗？

赵某：（露出为难的表情）我没干过厨房的活，就怕干不好，耽误事儿。

警察：哦，没干过不怕，边学边干嘛！我们相信你能干好。

赵某：政府这么鼓励我，我还有啥说的，再说，让我干轻活，这是照顾我。我无论如何也得干好，请队长放心吧。

警察：那好。干事具体负责对你们的管理。到厨房劳动的要求和注意事项，他还会对你详细讲。你按要求干就行了。那就这样吧！

赵某：是，谢谢队长。

（以下内容略）

【评析】

警察通知罪犯调动劳动岗位，这本是用一、两句话即可讲清的事情。但该警察为了使赵某对调动有正确的认识，并从中受到教育，为此，他充分运用谈话口才的技巧，与赵某的谈话成为一个循循善诱、诲人不倦的感化过程。

警察没有开门见山地直接向赵某说明谈话意图，而是首先从关心其改造，肯定其改造成绩入手，进而由关心其身体而顺理成章地把话题转到调动劳动岗位的问题上。从而使罪犯对这次调动理解为是对他的信任、关心和照顾，即起到了感化的作用。

警察的谈话口才，值得赞许之处，既在于其态势、语调的亲切、温和，也在于言辞表达所具有的沟通性、勉励性和疏导性。警察关于赵某入监时间及减刑的问话，表明警察对赵某的情况是了解的、熟悉的。这不能不使赵某感受到警察对他的关心，而使之进一步沟通和增强与警察的情感联系。至于警察所说，"我们相信你会干好"，以及希望赵某"边干边学"等话语，则无疑对赵某起到了勉励和疏导的作用。

第三节 劝慰性谈话口才评析

劝慰性谈话口才，是监狱人民警察针对罪犯存在的疑虑和心理问题进行劝慰、开导的谈话方式。罪犯在改造生活中，会出现种种疑虑和心理疙瘩，如对未来生活丧失信心，前途无望；由于家人的背弃而黯然神伤；由于身患疾病而心理压力过重；由于受到不公平待遇或误解而想不通等。针对上述情况，监狱人民警察应及时进行规劝性教育。

一、劝慰性谈话口才的技巧

（一）诚心诚意，关切爱护

劝慰性谈话口才要求警察始终诚心诚意，饱含对罪犯的关切、爱护之情，言辞表达要朴实无华，平易近人，切忌夸夸其谈，空洞无物。可经常用一些常人小事，或历史上名人逸事为例，由近及远、由浅入深地讲述"大道理"。要拉近和罪犯的距离，造成一种轻松和谐的氛围，使罪犯充分信任警察，愿意接受帮助和教育。

（二）情理交融，有激有励

要求警察的言辞表达要情理交融，有激有励，警察不仅要表现出真情实感，切实和罪犯形成情感共鸣，而且要渗透理性教育，把道理灌输在整个谈话过程中，使罪犯在情与理的双重感召下口服心服、心悦诚服。

（三）增强信心，充满希望

劝慰性谈话口才要求警察善于运用激励方式，既要指出罪犯的弱点和不足，又要激起罪犯对前途的信心和勇气，使罪犯对前途充满希望。

（四）庄重严肃，风趣幽默

要求警察既要庄重、严肃，又要风趣、幽默，使谈话达到既严肃，又活泼，既紧张，又轻松的效果。过于严肃、紧张，不利于感情交融，过于活泼、轻松，又有失教育的力度和威严。一些哲人名言，可以发人深省，给人以深深的启迪。把大道理与名人名言巧妙地结合，可以讲得耐人寻味，吸引人。

二、评析

某省女犯监狱，在押女犯张某，入监初期，严重悲观厌世，曾三次轻生未遂，后经警察教育转变较大，被评为"犯人积极改造委员会"成员。但近一周，该犯表现情绪低落、郁郁寡欢。为查清原因，进行针对性教育，该犯所在中队的警察于周日上午与张某进行了一次劝慰性谈话。

谈话在中队办公室外的凉亭里进行。

警察：（开朗、亲切）张某，今天休息，你没干点啥吗？

张某：（神情忧伤）没有。队长，今天你不休息？

警察：哦，休息。不过家里没什么大事儿，有几件衣服晚上就洗了。我想起你快到期了，就找你来聊聊。

张某：队长，休息日你也不休息，总为我们操心。

警察：谈不上操心，这是我们的工作。对了，你对出监后的生活有什么打算吗？

张某：能有啥打算，再打算也没用。我一个农村妇女，回去后不还得围着锅台转，还得受男人的气……

警察：张某，这些日子，你情绪不好，一天比一天消瘦，是不是在担心这些事儿？

张某：（从石凳上站起身）我……（满脸悲伤，流下眼泪）

警察：（走过去，抚着张某的肩膀，安慰道）张某，别难过，你坐下，有话慢慢说。你有什么难处，政府一定尽量帮你解决。

张某：队长，你也知道，我犯罪，是因为我把我男人的相好给砍伤了。你说，我男人能不恨我吗？这些年，队长也都知道，他每年顶多只看我一回，还来一回就吵一回。我要回去，能有我的好吗？我们村的人多数都是他的本家，他们也不能对我好啊！一想到这些，我的心就凉了，我真不愿回那个家呀!

警察:你家里不还有孩子吗?

张某:就一个姑娘,也大了,自己生活也行了。队长,我说句心里话吧。从我走进监狱的门,就没少让你们费心。我一回回寻短见,你们一回回白天黑夜的劝我,像亲人似的关心我,教育我,使我有了重新做人的决心。这是我一辈子都忘不了,都报答不完的!

警察:那都是我们该做的。张某,你就说吧,你还有什么顾虑?

张某:队长,我求你,求你别让我回家了,行行好,就让我还待在这儿吧。这些日子,我天天做恶梦,不是梦见我男人对我又骂又打,就是梦见那女人对我又撕又咬。我是被吓醒,吓出一身汗。队长,我求求你,就帮我说句话吧!(跪在警察面前)

警察:张某,你快起来,坐下来慢慢说。你有顾虑,我们完全能理解,但是,有些问题你想的过多,那就是自寻烦恼了。你方才谈的一些问题,我们是这么看的:你还认为自己在家里只能处于从属地位,只能充当锅台转儿的角色,这样就只能听男人的摆布,受男人的气,这种想法是不对的。这说明你头脑中旧传统观念还很严重。在旧社会,很多妇女,就是用这种观念自己把自己束缚起来了。其实,忙家务,还是干农活,这只是分工不同,何况,你还说过,一到农忙时,你也跟着下田干活,对不对?

张某：是。

警察：这样的话，你付出的劳动比你的男人并不少多少啊。那么在家里，你们的地位也应当是平等的。你想想，连自己都认为应当受气，你男人还能对你客气了吗？

张某：是。

警察：再说，这几年你的缝纫技术学得不错，已经达到四、五级工了，还考到了证书，出去以后，自己开个缝纫小店，既能养活自己，又能帮衬家里。你要干好了，挣大钱了，就让你男人围着锅台转吧！你说呢？

张某：(露出由衷的微笑)嘿嘿……

警察：你还担心，因为你犯的罪，你男人会恨你，村里人也会看不起你？我认为，不会的。你不是无缘无故的伤害人，而且，你犯罪，也已经受到了法律惩罚。村里的大多数人是会分清是非的。至于你男人，本来他对你的犯罪就有一定的责任，他的心里也是有愧的。要是心里无愧，他能年年来看你吗？他能一直等到现在不和你离婚吗？你说呢？

张某：谁知道他怎么想的？

警察：看他怎么做的，就知道他是怎么想的。反正，我们都知道，八年来，他从没提出过离婚，你说，他这是因为爱，还是因为恨呢？

张某：队长，我……

警察：你呀，张某，想问题不能光从一方面去想，好、坏两个方面都应该想啊。如果你回去以后，你男人真欺负你，你可以找当地村委会，也可以回来找我们嘛，政府会给你做主的。不过，一个男人自己带个孩子，整整等你八年，这也是很不容易的，这份情意你确实应该放在心上啊。俗话说，"两好合一好"，感情的交流就是双方共同努力的结果，所以，对你男人，只要你能真心实意地去关心他，体贴他，他一定会加倍地回报你，一定会好好对你的！你信不信？

张某：（站起身，热泪盈眶）我信，我信。队长，你真是我的亲人，我有啥难处，你都能帮助我排解开。现在，我放心了，我再也不胡思乱想了。队长，我，我谢谢你。（向警察深深地鞠了一躬）

警察：这样我们也就放心啦。那你就安心改造，等着那一天你丈夫和你女儿来接你回家团聚。

张某：（泪流满面）是，谢谢，谢谢。

【评析】

该警察对张某的一番劝慰性谈话，取得了比较理想的效果——使张某解除了后顾之忧，对将来的生活树立了信心。

这一效果的取得，首先在于该警察不尚空谈，自始至终，她的话语朴实无华，平易近人，使整个谈话过程形成一种和谐的氛围，一种唠家常的形式，因而她的劝慰才能够为张某所理解、所接受。

其次，警察的言辞表达注重情理交融，有激有励。如张某诉说了自己的后顾之忧以后，警察就谈了近日对张某观察的印象："这些日子，你情绪不好，一天比一天消瘦……"话语不多，却表现出对张某真诚的关怀，必然引起张某的情感共鸣。在情感沟通的基础上，警察所作的一番关于要正确认识和处理家庭、邻里关系的说教，才使张某心悦诚服。

而且，警察指出张某要摆正自己在家庭中的位置，要发挥自己掌握的一技之长，则体现出对张某在关怀的同时，还作到有激有励，从而使张某对未来生活树立了信心。

语言幽默也是该警察的又一语言特色。针对张某忧伤的心情，如果只是郑重、严肃地与之交谈，很难使其心情开朗。为此，警察适当运用了幽默、风趣的语言，如对张某说"……你要干好了，挣大钱了，就让你男人围着锅台转吧"等言辞，促使张某很快转忧为喜。

警察的身体语言与其言辞表达也是协调的，同样具有感人的力量。如张某从石凳上站起来，泣不成声时，她走过去，抚着张某的肩膀，让其坐下慢慢说，无疑对于张某也具有感化作用。

第四节 训诫性谈话口才评析

训诫性谈话口才是指监狱人民警察针对罪犯表现出来的反改造言行进行训诫和诱导的口语表达方式。罪犯由于其现有的犯罪思想和不良恶习所决定,在他们投入监狱未彻底转化之前,必然在管理、劳动、教育等改造活动中表现出各种各样的错误言行,这是一种正常的改造现象。在这种现象出现时,警察在进行正面教育的同时,辅之以训诫性谈话,就显得尤为必要。因此训诫性谈话是警察对罪犯经常运用的一种教育方式。

训诫性谈话口才的目的是否定,抑制和纠正罪犯的错误性行为。罪犯的错误性行为指的是违反监规监纪和改造秩序以及违反服刑人员守则的行为。如打架斗殴、传授违法伎俩、抗拒教育改造等,对于罪犯的错误行为,可以采取大会批评或给予行政处分的方式,但都不能取代训诫性谈话教育口才。

训诫性谈话口才具有否定、抑制、纠正三种不同层次的功能,在多数情况下是要经过多次的反复才能成功的。训诫性谈话口才同样必须遵循可接受性的原则,必须注意分寸。谈话一般说来分为封闭型和放射型。封闭型谈话一般不作纵向联系，不把罪犯的错误与他的过去联系起来，也不同将来的发展联系，而是就事论事。放射型的要将罪犯目前的问题进行纵向与横向联系，通过联系比较来分析问题的所在与解决办法。

训诫性谈话要因人而异，针对不同个性的罪犯采取不同的批评教育方式与方法。对性格外向型的罪犯应婉转迂回，以"冷"制"热"、以"柔"克"刚"；对性格内向型的罪犯应推心置腹、观点鲜明、直截了当；对自尊心和虚荣心强的罪犯，多用暗示、旁敲侧击等方法，尽量不要在公开场合或在大会点名批评，如果一定要在大会点名批评，应该在批评前进行个别教育，讲明这样做的原因，使罪犯提前做好思想准备，并在批评后再进行个别教育。

一、训诫性谈话口才的技巧

（一）做好充分的准备

首先要做好调查研究，弄清事实的来龙去脉，分清一般违纪还是严重违纪，故意违纪还是无意违纪，切不可捕风捉影，似是而非；其次要了解被批评的对象，要充分了解被批评对象的性格，改造表现以及心理承受能力，因人而异，因人施"训"，切不可搞"清一色"、"一刀切"；再次要准备好批评的内容，切不可毫无准备，随心所欲，信口开河，想到哪里说到哪里；最后要预测批评的效果，警察对批评过程中可能发生的情况要多做一番假设，并准备好针对性的措施，如对一些容易冲动的罪犯开展严肃的批评时要做好防止其自伤自残的准备。

（二）抓住有利的时机

对罪犯的批评也要抓住有利的时机。时机不同、效果则不同。把握批评的时机，注意3点。

（1）要根据罪犯的情绪，情绪比较稳定，立即可以开展批评；反之，当罪犯情绪激动、抵触情绪较大时，需要先"冷处理"或经过引导后再开展批评。

（2）根据问题的轻重缓急，需要立即解决的问题马上解决，可以先放一放的问题，等准备充分再开展。

（3）在传统节日、罪犯生日等敏感时间，一般都以冷处理为主。

（三）慎选合适的场合

同样的批评语言在不同的批评场合往往会产生不同的效果，因而警察在开展批评之前必须认真考虑批评的场合，一般来说，罪犯自尊心较强的，适用小场合；罪犯厚颜无耻型的，适用于大场合；罪犯是一个群体的，适用大场合，是个体则适用小场合；但如果罪犯个体所犯错误具有普遍性，则适用大场合。

（四）采用正确的方法

批评式谈话是多种多样的，具体采用哪种方法，则要根据情况的不同以及罪犯的性格而定。在具体批评教育中，应注重对症下药，灵活运用，也可综合运用几种方式进行教育。批评的同时，要把握恰当的尺度，避免产生消极的后果。过轻的批评犹如隔靴搔痒，无法达到应有的效果；过重的批评，则会引起罪犯的抵触情绪，甚至还会导致自杀、自伤自残的极端行为。

（五）力求完美的善后

实践表明，批评是一项很强的艺术，批评之后，罪犯的怨恨、误会，抵触等消极情绪均不同程度地存在，因而批评之后，还要关注犯的情绪是否有变化。严厉的批评还要安排耳目予以贴靠、包夹，以防止过激行为。为消除感情隔膜，个别情况还要进行必要的安抚，如果批评确实有错，还要坦诚地表示歉意。但是，批评之后一般不要立即找罪犯解释，也不要一边解释一边否定先前的批评，否则，不但不利于罪犯认识错误、改正缺点，还会影响警察威信的树立，影响今后的工作。

二、评析

某监狱在押犯王某因盗窃财物判刑。入监后，通过认罪教育，该犯对自己的犯罪事实尚能认识，但对人民法院量刑却心怀不满，认为量刑过重，扬言进行申诉。为了及时消除王某不满情绪，警察集体分析了该犯的简历、犯罪事实、情节、危害程度和法院定罪量刑的法律依据，由中队指导员找其谈话。澄清他的错误认识，使其认罪服判，安心改造。

警察：王某，听说这几天，你正在写申诉材料，是吗？
王某：是的，我要申诉。

警察：根据法律规定，罪犯有权利向原判机关申诉，你想申诉，有什么理由吗？

王某：我是初犯，当时又是受他人指使去盗窃的，被捕后我认了罪，退了赃，满以为能从轻处理，可没想到法院判了我这么多年。

警察：你感到判的刑太重了吗？那么，你认为应判几年才算合适呢？（心平气和）

王某：我认为最多应判个两三年，我冤枉！

警察：你的申诉理由据我看是站不住脚的，而且认识也是错误的。（语调平缓）

王某：照你说的，我就不用申诉了？法院想怎么判就怎么判呗！实在让人想不通！我看，干脆把我枪毙算了！（表情恼怒，语气粗重，语调升高）

警察：你这是什么态度？（声色俱厉）你把法院看成什么了？你犯罪了没有？

王某：我认罪，我是犯罪了。但是……

警察：你是初次盗窃吗？（语调依然很高，表情威严）

王某：我……

警察：你曾经盗窃财物，被判有期徒刑，释放后你不仅不思悔改，第二年又盗窃商场，情节恶劣。根据我国法律规定：被判处有期徒刑以上刑罚的犯罪分子，刑罚执行完毕或者赦免以后，在5年以内再犯应当判处有期徒刑以上刑罚之罪的犯罪分子是累犯，应从重处罚。因此，法院在量刑时对你从重处罚是有法律依据的，是完全正确的。你不能产生任何偏见，只能悔恨自己的罪行。根据我们阅卷清楚地了解到，当时由于你认罪态度好，并退出大部赃款赃物，这是你悔罪的表现，法院在量刑时已经考虑了，否则，刑期还不止这几年呢！（语速较快，语气坚定，表情严肃）

王某：我年纪轻，不懂事，不知法，在量刑时，法院也应该考虑吧？

警察：（语速缓慢，语气和婉）是啊，尽管你的年龄不大，也成年了吧。但我国刑法第十七条就刑事责任年龄问题作了具体规定：已满16岁的人，对其所实施的一切犯罪行为，都应负刑事责任。所以你必须承担法律责任，而不要淡化罪责。年龄小、不懂事、不知法，不能成为改变量刑尺度的依据，只能是逃避法律制裁的借口，所以这条理由也是站不住脚的。

王某：那么我的申诉是没有用的了？

警察：如果你以上述理由申诉，法院必定予以驳回，你还有没有其它理由，不妨再摆一摆。

王某：没有了。我犯的罪，法律规定得这么明确。我还能说什么呢？

警察：据我了解，你的犯罪不是偶然的，是有客观原因的。你父母长期在外地工作，很少有机会对你进行教育指导，间接地从亲朋好友那里了解到你的一些缺点错误，甚至劣迹，因为没有机会和条件当面对你教育，只能依靠书信进行批评和规劝，这种教育缺乏及时性和针对性，况且你对这些说服教育根本不当回事，甚至感到讨厌，长年累月养成了偷偷摸摸的恶习。被学校勒令退学后，你依然不去吸取教训，及时回头，却混进社会渣滓当中，干起了盗窃。因偷窃被判一年后，你仍然不改恶习，如今又走上了犯罪道路。

我说的这些都符合你的实情吧？今天我帮你回忆走过的路，有助于你找到自己的犯罪根源。就像扫地，不知脏在哪里，怎么会扫得干净呢？所以只有当你找到根源并将其挖掉，才能积极地走向新生。

中国有句成语叫"亡羊补牢，犹为未晚"。刑期是有弹性的，只要你认罪伏法，认真改造，争做积极犯人，刑期是可以缩短的。你是罪犯，我是警察，然而你我的胸膛都跳动着一颗年轻的心，命运掌握在自己手中，今后该怎样，是你我都应该深思的（语重心长，流露出期待的目光）。

王某：请指导员放心，我一定记住你的话，深刻反省自己的罪行，好好改造思想，改掉偷盗的恶习。

警察：还向法院申诉吗？

王某：没有什么理由，我不申诉了。

【评析】

对罪犯申诉、控告、检举的处理也是刑罚执行的一项重要内容。

申诉权、控告权、检举权是罪犯服刑中仍享有的权利，是罪犯的基本权利，监狱机关应保障罪犯申诉权、控告权和检举权的行使。监狱机关在对罪犯监管过程中，要设立罪犯申诉箱，指定专人开箱处理罪犯的申诉，对罪犯的申诉均不得扣押。罪犯在服刑期间有权控告、检举他人的违法犯罪行为，因此凡写信给党政机关、政法机关，及其负责人的信件，监狱机关及警察不得以任何形式阻碍、扣押，监狱机关应当为罪犯设立检举箱、控告箱。在对待罪犯检举问题上，监狱人民警察要持慎重态度，严格依法进行。与此同时，警察要运用自己的口才，搞好法制宣传，一方面让罪犯懂得申诉权、控告权、检举权是他们法定的基本权利，政府是会保障这些权利的正常行使的；另一方面，罪犯要依法行使申诉权、控告权，不得搞无理申诉，不得歪曲或捏造事实进行诬陷，否则，要承担一定的行政责任或刑事责任。

值得指出的是，在罪犯中，尤其是刚入监的罪犯，由于不懂法或法制观念淡漠，致使他们对自己的罪行认识不清或不认罪，进而进行无理申诉。针对这种情况，监狱人民警察要认真进行调查研究，通过查阅审判原卷，掌握大量第一手资料后，对罪犯开展强有力的攻势，进行以破除"有罪不认，无理申诉，抗拒改造"为中心的法制教育和认罪教育。警察要用自己良好的口才、真实的证据、丰富的知识与罪犯展开谈话与交锋，批驳其错误观点，揭穿其有罪不认的真面目。谈话中，警察要以事实为依据，以法律为准绳，紧密结合"定性准确、量刑适当"的话题，将直言揭露和事实反驳的口语表达方法结合使用，做到引用条款准确得当，语言凝练有力，充分把握谈话的主动权和主导方向，从而使罪犯在法律和事实面前低头认罪。警察在口语教育中，要把情巧妙地渗透其中，做到以情寓理，情理交融，使罪犯在谈话中既能获得真知、明白道理，又能震撼心灵、真诚悔过。

该例中的警察就做到了以上的要求，在谈话中紧紧抓住谈话的主旨和基本要求，对王某的错误行为进行了批评，让他认识到自己的错误。

在谈话一开始，警察运用了直言揭露法，迫使王某毫不掩饰地表明申诉的准备和申诉的理由。为创造良好的谈话气氛，警察心平气和，语气和婉，但言辞不失力度，有一定威慑力。

针对王某的错误观点，警察合理运用了摆事实讲道理的口才表达方法，引用相关法律条款，联系王某的犯罪事实予以批驳，引用准确得当，语言凝练有力，说明力强。在环环扣紧，接连批驳下，使王某强调的申诉理由丧失了合理性。该犯的"冤屈"心理得到抑制。最后，该犯在法律和事实面前不得不低下头，消除了对人民法院定罪量刑的偏见，表达了不再申诉的认识。

该例中，警察为了增强训诫性谈话的说服力，在批评取得初步成效后，为促进王某认罪服刑，态度诚恳，语重心长，严密分析了他的犯罪原因，并指明了改造方向。使王某通过警察的启发、诱导，进一步明确认罪服判与改造关系，积极改造与光明前途的必然联系，这不仅提高了批评的收效，而且使王某受到深刻教育。

第五节 制服性谈话口才评析

一、制服性谈话口才的技巧

制服性谈话口才指监狱人民警察针对个别顽危罪犯的反改造言行和嚣张气焰而将其驳倒、制服的个别谈话方式。当罪犯因违反监管制度、纪律受到警察批评教育时，由于场合的不同，批评的方式、方法不同，或罪犯的气质、是非分辨能力及品德修养等主观条件的不同，往往导致罪犯做出积极或消极的不同态度反应。

在罪犯出现各种消极的态度反应时，警察能否清醒地审时度势，迅速调整教育对策，扬己之长，攻彼之短，不失时机地将其制服，不仅需要警察具备良好的政治品质，思维品质，意志品质，教育技巧和应变能力，而且显然离不开能够将上述品质加以准确反映的语言表达形式，这就涉及到了制服性谈话口才的恰当运用。

运用制服性谈话时，首先，要注重讲理，善于讲理，以理取胜，以理服人。罪犯之所以坚持反改造立场，是由其一整套的谬误和歪理决定的，因而改造罪犯、制服罪犯，必须首先把其谬误和歪理批驳倒，而要达到这一点，必须坚持以理服人、以理取胜，因为只有真理才能战胜谬误，真理是战胜谬误的唯一法宝。

制服性谈话口才的技巧有3点。

（一）以理服人

要针对罪犯的歪理和谎言，提出一系列有联系的问题，对其谎言逐一剖析，各个击破，最后迫使罪犯理屈词穷，无言以对，哑口无言，或驳得罪犯体无完肤，不得不低罪。

（二）有理有节

监狱人民警察对罪犯在作一般性询问时，态度要保持严肃、庄重，语调语速要平缓适中；当涉及重要问题，或罪犯态度顽劣、气焰嚣张时，则不仅发问的言辞要激烈 语调要高亢，而且要声色俱厉，威风凛凛。语速也要明显加速不给罪犯狡辩和思考的余地，从而始终占据主动地位，置罪犯于被动地位。

（三）晓以利害

既指出其严重的危害后果以及可能受到的严厉制裁，同时指明前途。从而避免罪犯自暴自弃，给罪犯造成一种既"打"又"拉"的态势，以便彻底制服罪犯。

二、评析

罪犯李某，性情耿直，脾气粗暴，为人好讲义气。由于文化低，修养差，做事好冲动。其判刑是因为看到两名社会青年欺负卖水果商贩,上前打抱不平,一时性起致他人死亡。

入监后,该犯认为自己失手杀人是为了维护公共场所的治安,应属正当防卫。因此对法院判决不服,情绪低落,严重影响思想改造。本着教育人、改造人、挽救人的指导思想,该中队警察多次找李某谈话,进行教育引导。

某日,该中队警察找其谈心,就犯罪原因对他展开了一场制服性谈话教育。

警察:你入监有一段时间了,据我观察,你整天唉声叹气,做事烦躁,有心事吗(态度和蔼,语气亲切,目光友善地注视着对方)?

李某:我觉着窝心,不公平!

警察:能对我说说吗?

李某:已成事实,说也白说!(愤愤不平状)

警察:向监狱人民警察及时反映情况,汇报思想是每一个犯人应尽的义务!这对你的改造也是十分必要的(表情严肃、语调不高,但加重了语气)。

李某:我这次犯罪是看不过两个小流氓欺负卖水果的商贩,出面阻拦,打抱不平!当时旁边有一个警察看见了,怕事没管。这下可好,警察不管啥事没有。我过去维护治安,主持公道却被判刑了!这叫什么事!这社会秩序能不乱吗!

警察:那个警察失职,你可以通过正常渠道举报他。

判你刑，不是因为你去劝架，而是因为你杀人！（警察采用直言揭露法，点明其犯罪的实质。目光如炬，语调铿锵，吐字缓而清楚有力）

李某：那是正当防卫！他们打我，我能不还手吗？！我不杀他们，他们就得杀了我！

警察："正当防卫"是指，为了使公共利益、本人或者他人的人身和其它权利免受正在进行的不法侵害，而对实施人采取的正当防卫行为。但事实上，对方并没拿凶器，当时你的生命也并未受到威胁，你却从西瓜摊上抄起刀说，要给他们点颜色看看，这是事实吧！

李某：当时他们两打一，我不拿刀吓唬他们，根本镇不住！

警察：你不单是吓唬，而且还要了一个人的命（一针见血，抓住要害，用语准确，凝练有力）！

李某：当时，他们把我打得鼻青脸肿，我只是自卫给了他们一刀，没想到扎了个正着。

警察：但经过调查有足够的证据说明：你是在对方被吓得调头就跑时，追上去从后面将人捅倒的！你这种行为按法律规定已构成了故意杀人罪（言辞犀利，语调重而有力）！

李某：反正他俩也不是什么好人！你问一问就知道了。这两个地头蛇做尽了坏事！附近居民恨透了他们，我这样做也是为民除害！

警察：国家法律规定，公民只有防卫权而没有对他人实施刑罚的权利，刑罚权归于代表国家的人民法院。如果每一个人都像你这样处理问题，那还要法律干什么？不讲法治，我们的社会不就成了黑吃黑的社会了吗？那样，社会还能有安定的秩序吗？如果当时你将这两个青年制服之后把他们扭送进到公安机关，那才叫为居民办了一件好事呢！你说对吗？

李某：……（哑口无言，难以狡辩）

警察：共同维护社会治安，是每一个公民的义务。你能意识到这一点是应该肯定的。这说明你的本质还是很好的，法院也正是根据这一点，酌情发落，判你无期徒刑，而没有判你死刑。法律是公正的，无论是谁，如能依法办事，遵守公共道德，就必然能得到法律的保护和受到他人的尊重。

而触犯法律必定要受到一定处罚。希望你吸取教训、振作精神，积极改造，争取减刑，使自己尽快重返社会（采用二难推理的逻辑方法，褒贬同加，语重心长，耐心说服教育，指明前途，使罪犯在认罪服法的同时认清改造方向）！

【评析】

接受惩罚改造的罪犯，或多或少地存在着自己无法消释的思想症结，这些症结如同恶魔一般妨害罪犯的认识观念，致使他们看问题常偏离正常轨道。

警察与罪犯制服性谈话就是要抓住罪犯的思想症结，对症下药，通过卓有成效的论辩达到对罪犯扭曲灵魂的矫治。

该例中的罪犯，其犯罪根源在于法制观念淡薄。对于什么是合法行为，什么是犯罪行为认识不清。警察敏锐地意识到这一点，拿出大量事实依据加以论证，理据充分，不容质疑。

在谈话中，罪犯经常有意无意地偏离原话题，警察若不及时采取对策，使偏离的话题回归原位，就会使整场谈话陷入误区而前功尽弃。本例中的罪犯，故意回避其杀人情节，只一味强调："警察不管啥事没有，我做好事却被判刑"，监狱人民警察直言揭露道："警察渎职，你可以举报，判你刑不是因为你去劝架，而是因为你杀人"。这一针见血的表述澄清了罪犯的错误认识，找到犯罪的真正原因，确保了谈话在原论题上深入进行。

在谈话中运用口才的技巧驳倒罪犯的目的是要弄清是非，使罪犯从中受到教育。

该例中的监狱人民警察察在对方被驳得哑口无言之时并不急于收场，而是运用二难推理的方法进行口语表达，从正反两个方面剖析其犯罪的实质，指明方向，使罪犯在心悦诚服之际，看到改造的前途和希望。

第六节 勉励性谈话口才评析

勉励性谈话口才是指监狱人民警察针对罪犯已取得的改造成绩进一步加以鼓励和激发的谈话方式。罪犯饱受惩罚和挫折，他们往往比常人更注重表扬或鼓励。尤其是那些自信心差、思想敏锐、感情脆弱、阅历较浅、自制力较差的罪犯，他们对荣誉看的很重，对警察的表扬和肯定也非常重视，因此恰当运用勉励式谈话对激发罪犯的上进心，促其改造登上新的台阶有着极其重要的意义。

对犯了严重错误的罪犯，在受到批评处理之后，可及时找他"聊一聊"，不提他的过失，不一味地责备，倒是对他的某些"小节"表示理解，这种事后安抚能激发起他的上进心理。勉励式谈话是通过表扬其闪光点，多举事例启发诱导、激发其责任感，更好地激励罪犯改造。因此，在指出罪犯成绩和优点的同时，也要不失时机地指出其错误、缺点和不足。

一、勉励性谈话口才的技巧

（一）选好时机

一般在罪犯获得奖励或表扬之后进行。这时候，罪犯的情绪较高昂，容易产生积极的情绪体验，谈话的效果更明显。

（二）联络感情

创造一个良好的谈话气氛，态度要诚恳、真挚，语气要亲切、温和，态势要热情、得体。尤其是当对方抵触反感情绪较大时，首先要以诚相待，要在理解、尊重、关心的原则基础上，再讲道理。

（三）因势利导

在鼓励的同时也要指出缺点，提出奋进的方向。勉励性谈话是为了更好地激励罪犯，因此，在指出其成绩和优点的同时，也要不失时机地指出其缺点和不足，从而对罪犯既起到鼓励的作用，又起到鞭策的效应。同时警察还要给罪犯指出更高的奋斗目标，防止罪犯满足于眼前的成绩而止步不前，使罪犯向着更高的目标一步一步地攀登，最终达到使自己成为守法公民的根本目标。

二、评析

某市少管所有一名少年犯仝某。入所以后，该犯曾自恃身强力壮，能打善斗，经常在犯人中寻衅滋事，拉帮结伙，称王称霸，而且厌恶劳动，弄奸耍滑。后经监狱人民警察反复教育，有所转变。

尤其在某日出工前，本市的几名犯人与外地的几名犯人之间发生争吵，进而发展到相互推搡，当时，只有一名年老的警察在场，制止不听。仝某见此，便主动上前观阻，劝说中被外地犯人打了几拳，仍未退缩。经过与警察共同努力，终于将双方劝止，避免了事态的扩大。

在当晚的全大队犯人大会上,大队警察对仝某给予了表扬,会后,中队警察又趁热打铁,对仝某进行了勉励性谈话。

警察与仝某的谈话在监舍的阅览室进行。

警察:仝某,你对今天的大队会有什么想法?

仝某:(有些难为情地用手挠着头,露出憨笑)嘿嘿,我这还是头一回受表扬呢。说实在的,我真没想到,那点事还能受表扬,嘿嘿……

警察:你没想到,这是正常的。因为你不是为了受表扬才去做好事的,对不对?可是,我们就得想到。无论是谁,犯了错误就得批评;做了好事,就得表扬,就该鼓励,这也是为了教育大家嘛。

仝某:(面露愧色)可我,以前干了那么些坏事,给你们找了那么多麻烦……

警察:哦,那已经是过去的事了,谁都可能犯错误,重要的是知错能改。能改,就是进步,就有前途。而且改得越快,进步越大。记得前些日子你们学过一篇课文,叫《周处》,是不是?

仝某:是,学过。

警察:那你还记得在周处身上有什么值得学习的品质吗?(语调亲切)

仝某:(皱着眉头,认真回忆)他,他能为民除害!

警察：（微笑着）他都除了哪些害？

仝某：他，他杀虎、斩蛟。对了！最后，他把自己也当成一害了。

警察：他怎么会把自己当成了一害？

仝某：过去，周处在乡里横行霸道，欺负百姓，大家都怕他、恨他，后来他认识到了自己的毛病，就决心改正。

警察：对周处的转变，课文里用了四个字作概括，你还记得是什么吗？

仝某：（用手挠头）叫……我忘了。

警察：是不是叫"朝闻夕改"？

仝某：对，对，对！就是朝闻夕改。队长，你记性真好！

警察：学知识要注意联系自己的实际，就容易记住了。对了，我听说，你的文化课成绩不太好？

仝某：（面现愧色）是，期中考试我有两门没及格。

警察：（神情关切且严肃）为什么？你脑瓜不是挺聪明吗？是学习上有什么困难？

仝某：（低下头，手抓膝盖）没有。是，是我没用心！

警察：为什么不用心呢？

仝某：我觉得学那些东西没用，不如学点技术，以后能用上。

警察：你的想法太幼稚了。凡是知识都是生产、生活经验的总结，学好了，对生产、生活都有用。尤其是你们现在学的都是各种基础知识，不光对改造你们的思想有用，而且也有利于你们将来学习更高层次的知识，掌握更高难度的技术。你现在还未成年吧？

仝某：是

警察：你现在还不到十八岁，就算你一天刑不减，出监，你也才二十几岁，正是人生的黄金时代。你知道你有多少事可以做，有多少机会可以施展自己的才华吗？当然，才华不是谁想有就会有的，它离不开对各种知识的刻苦学习和积累。所以，你现在的学习态度是要端正的。我说的意思你明白吗？

仝某：队长，我明白。为了将来能做一个有用的人，我一定好好学习。队长，我，我还有个事儿想问你。

警察：（以鼓励的语气）什么事？你说吧！

仝某：队长，我能减刑吗？

警察：任何表现好的犯人都有获得减刑的可能，当然，要能变成现实，关键是靠个人的主观努力。只要你们的表现达到了减刑的条件，即使你们自己不想，政府也会为你们想到的。所以，作为个人来说，不应该过多地考虑减刑。你们希望早日回家、早日回到社会的心情是可以理解的，不过，如果你们过多地考虑减刑，就容易造成你们为减刑去作各种事情，而一旦减不了刑，你们的积极性就会受到影响，就可能从积极变为消极。就拿你今天的行为来说，你不仅没参与他们打打架，还能主动协助警察去劝阻打架，甚至在别人对你发生误解，把你也打了的情况下，你依然奋不顾身地坚持做双方的说服工作。你说，你当时想到了减刑吗？

仝某：没有。

警察：那你为什么那么做呢？

仝某：我就觉得应该那么做。

警察：（语调亲切地）你说的确实是心里话。这跟你过去的思想、行为比，有很大提高，这是你认真接受改造的结果。这就说明，只有你坚持把改造自己成为有用的人，作为参加学习、参加劳动、遵守和维护监规纪律的根本目的，你才可能在各项活动中都主动积极地走在前面。而该不该给你减刑，什么时候减和应该减多少，都是有规章制度的。你听明白了吗？

仝某：听明白了，不该想的事以后决不再想。该做什么，不该做什么，我都按政府说的办。

警察：（热情、亲切地）那就好。只要你持之以恒地这么努力下去，那么你方才说的头一回，就绝对不会是最后一回，就一定会有第二回、第三回、直到无数回。仝某，你有这个信心吗？

仝某：（语气坚定，诚恳）队长，你放心吧！我有信心，也有决心，一定在各方面都争取更大的进步！、

【评析】

该警察对仝某所作的勉励性谈话口才具有下述特点。

(1)谈话时机选择得好。虽然时间晚一些、警察辛苦一些，但是，有利于及时巩固和发展勉励的效果。

(2)语调、态势始终亲切、温和，与勉励性的言辞表达相辅相承，使仝某感到可亲而乐于接受。

(3)言辞表达坦诚、质朴，富于情感，善于沟通与疏导。如警察对仝某的未来寄予希望的一番话，语重心长催人泪下。而针对仝某轻视文化课，追求减刑的动机、模糊认识，深入浅出地细加说明解释，则提高了仝某对学习、改造的自觉性。

(4)在谈话中善于因势利导，在肯定其成绩的同时，又指出其缺点。从而对仝某既起到勉励作用，又体现鞭策效应。如从谈改过，引出周处，由谈周处的长处，而引出仝某对文化课的忽视。使仝某不至于因受表扬而沾沾自喜，止步不前。

第三章

监狱人民警察"三课"教育口才

第一节 "三课"教育口才概述

一、"三课"教育口才概述

（一）什么是"三课"教育

"三课"教育是监狱有计划、有目的、有组织地对罪犯进行思想、文化、技术三项教育活动的简称，是罪犯教育改造的基本内容。

1. 思想教育

包括四项基本原则教育；法制与认罪伏法教育；道德与人生观教育；形势、政策与前途教育；劳动教育等，是促进罪犯转化思想，矫正恶习的中心环节。

2. 文化教育

以扫盲教育、初等教育和初级中等教育为重点，根据罪犯的实际文化程度来确定不同的年级和不同的教育内容，向罪犯传授文化知识，以提高其文化素养，为接受思想与技术教育打下基础。

3. 技术教育

包括生产知识与技能的学习和应用两方面内容。其目的是使罪犯掌握生产劳动技能，养成劳动习惯，并为刑满就业创造条件。

（二）"三课"教育口才

监狱人民警察通过监狱课堂教学等教育形式，运用口语表达的方法和技巧，将"三课"教育内容系统准确地传授给罪犯，促使罪犯转变思想观念、提高文化水平、掌握生产技能的口语表达才能。其含义主要体现在以下2个方面。

（1）监狱"三课"教育口才主体与客体因改造与被改造的关系，同处于监狱这一特殊的环境之中，对于排斥教育、消极改造的罪犯，监狱人民警察必须根据提高改造质量这一目标，运用一定的语言技巧，有针对性地对罪犯进行"三课"教育，从而保证"三课"教育的顺利进行。

（2）监狱"三课"教育虽然有其特殊性，但毕竟从属于教育范畴，具有明显的教育属性，监狱人民警察与罪犯之间也就必然存在着教育与被教育的关系。在"三课"教育口语表达中，要使教育内容都能够被罪犯逐渐接受下来，监狱人民警察必须运用教育语言与表达方法、技巧，对罪犯"传道、授业、解惑"，从而保证"三课"教育能够充分发挥改造功能。

二、"三课"教育口才的技巧

课堂讲授是一个复杂的过程，其中不同的环节有不同的表达技巧。下面就课堂讲授中几个主要的环节分别加以阐述。

（一）开讲的言语技巧

一出戏要有紧锣密鼓的开场，一堂课也要有妙言妙语的开头。好的"开讲"就像磁铁一样，吸引罪犯的注意力，也像桥梁一样，连接着警察与罪犯的情感通道。开讲的言语要有诱发性、渲染性与挑战性，力求练达而雅趣，"情信而辞巧"。具体而言，"开讲"的言语技巧主要有5点。

1. 开门见山法

即对所讲的内容的标题进行解释以导入新课。这是课堂讲授中最常用的开讲方式，它简便易行、开门见山，能迅速切中主题。如数学课上有位警察在讲"黄金比率"这一节时是这样开讲的："学员们！不知大家是否注意，当我们看文艺演出时，舞台上的主持人一般不站在舞台正中央或台角，而是站在偏左或偏右的三分之一处？这是因为他们巧妙地应用了"黄金比率"。"黄金比率"不仅是艺术家创作遵循的规律，在日常生活中也常常用到，如门窗、书本、课桌的比例也都符合"黄金比率"的尺寸。学员们，"黄金比率"具有巨大的作用，今天我们就来学习它。"

2. 新旧联系法

即从回顾已学的旧知识着手，再引入新课，做到"温故而知新"。警察运用这种方法开讲时，一般通过提问、练习、讲述等方式进行。新旧联系法要求警察注意新旧知识之间的内在联系，在"旧"的基础上入"新"。

3. 设问质疑法

明代学者陈献章说：前辈谓学贵知疑，小疑则小进，大疑则大进。疑者，觉悟之机也。一番觉悟，一番长进。在课堂讲授中，警察以提问设疑的方式开讲，可以调动罪犯的积极性，激发他们登堂入室，探取"所以然"的秘密。开讲时设问的方式有很多：如直问或曲问、宽问或窄问、明问或暗问，等等。

4. 讨论入题法

即在开讲时将教学中出现的模糊问题提出来让罪犯讨论。讨论的话题要能够展开，而且警察要适当引导。

5. 朗诵移情法

因为良好的朗诵可以创造出强烈的气氛，因此很多警察善用此法。上课时，警察并不匆匆开口，而是用亲切友爱的目光扫视全场，与罪犯达成心理相容，然后再声情并茂地朗诵。要么是朗诵一段或一篇与教学内容有联系的文章，要么是朗诵文章中的精彩片段以导入新课，都能收到良好的效果。

当然，究竟采用何种方式开讲，还要根据讲授的具体内容及警察自身的特点而有所取舍、不能拘泥于某种固定的模式。

（二）设置"课眼"的言语技巧

正如报纸上有"报眼"，文章有"文眼"，诗歌有"诗眼"，戏剧有"戏眼"一样，课堂上讲课也有"课眼"。所谓"课眼"也就是一堂课的核心与高潮，是警察教与罪犯学的"着力点"。为了形成"课眼"，警察的言语表达既要有深度，又要出新意。下面介绍几种形成"课眼"的言语技巧。

1. 真情外露

警察讲课时，必须使自己的言语表达充满感情，充分利用情感的感染性、移情性的特征，"以我的情趣注于物，以物的姿态注于我"（朱光潜语），为罪犯创设一个学习新知识、探索疑难问题的情绪场。至动情处更要辞恳情切、兴致勃勃。这样，才能使一堂课真正出现高潮，形成'课眼'"。

例如，19世纪法国作家都德的小说《最后一课》中有描写韩麦尔先生在上最后一课时说的一段说："我的孩子们，这是我最后一次给你们上课了。柏林已经来了命令，阿尔萨斯和洛林的学校只许教德语了。新老师明天就到。今天是你们最后一堂法语课，我希望你们多多用心学习。"然后，他在谈到法国语言时说："法国语言是世界上最美的语言，我们必须把它牢牢记在心里，永远别忘了它，亡了国当了奴隶的人民，只要牢牢记住他们的语言，就好像拿着一把打开监狱大门的钥匙。"小说中作为教师的主人公满怀悲愤，感情澎湃，深深地感染着每一个学生，他的每一句话在这种情绪氛围中均得以升华。

2. 亮丽畅快

警察讲课时说话的速度要快慢适宜。过快，听来口若悬河，滔滔不绝，罪犯难以接受；太慢，慢慢悠悠，一步一摇，罪犯精力涣散。但在形成"课眼"时可以快嘴联珠，一气呵成，以造成强烈的语势。这样，既渲染了气氛，烘托了主题，又给罪犯形成强烈的吸引力，让他们得到美的感受。

3. 幽默含蓄

幽默是讲授型口才中的"味精"。讲课中恰当运用含蓄幽默的语言，可使讲课变得风趣诙谐，幽默睿智，会引起轻松愉快的心理共鸣，形成良好的课堂气氛。

4. 绘声绘色

讲授中的口语表达要精选词句。语言精彩才能拨动罪犯心灵的琴弦，打开他们心灵的门扉。生动形象、绘声绘色是语言精彩的重要表现，它可以为罪犯描绘出一幅立体直观的画面，把课堂讲授推向高潮。

5. 巧用辞格

讲授中充分运用修辞手法，巧妙使用"艺术词藻"，可以起到塑造形象、创造气氛、推进高潮的作用。修辞格种类很多，有的是语言形式的修辞，如排比、对偶、回文等；有的是语义内容的修辞，如比喻、夸张、双关等。例如一位警察在给罪犯讲述语言时，有这么一段："在建设社会主义精神文明的今天，美的语言是热情的语言、文雅的语言、礼貌的语言。在日常生活中，语言的美与不美，会产生完全不同的社会效果。美的语言表现在热情地招呼，真诚的鼓励，彬彬有礼的谈吐，从而唤起人们对生活的热爱和信心。与此相反，冷漠、生硬、粗俗甚至蛮横无理，则会使对方丧失信心，精神沮丧。所以，语言的美与不美，必然会产生截然相反的社会效果。"这段话比较恰当地运用了排比、对比、夸张等修辞格，把语言美与不美的两种社会效果鲜明地显示出来，很有说服力。

(三)"收课"的言语技巧

"收课"即讲授的结尾。高明的结尾犹如讲授过程的"凤尾"部分,可使整个讲授在归纳中升华,在练习中得以巩固,在朗诵中产生共鸣,在描述中余音袅袅。下面介绍"收课"言语技巧中的几种方式。

1. 归纳小结

这是讲授者最常使用的一种"收课"方式。经过详尽的讲述、精彩的分析和严密的论证后,罪犯比较全面地了解了所学内容,讲授过程已近尾声。此时,警察要能以寥寥数语,巧妙小结,就可以使知识在罪犯大脑中得以巩固。总结的语言要提纲挈领,画龙点睛,才能达到纲举目张的效果。

2. 开拓延展

警察通过讲授结尾时的言语表达引导罪犯进行由此及彼地思考,举一反三地运用,目的是将课堂讲授的成果延伸到课外的学习与实践中去。

3. 复述评点

这种方式是由警察或罪犯复述所学内容,然后由警察对所学内容或罪犯的学习态度、学习方法进行评点。这样既有利于罪犯加深对所学知识的印象,也有助于他们分清新知识中的重点与难点,还可以及时发现学习过程中的缺点与不足,以便及时改正。

4. 释疑圆场

即针对开讲时提出的疑问、设下的"伏笔"释疑总结,巧打圆场。这种方式可先后照应,首尾连接,将整个讲授过程变成一个完美的整体。

　　此外，还有朗诵结尾、自由结束、介绍下节、作业练习等等收课方式，不再一一介绍。

第二节 课堂讲解口才评析

我国监狱当前关押改造的罪犯，大多数文化水平低，接受知识、理解问题能力差，且厌学情绪重。如何顺畅地实施"三课"教育，达到既定教育改造目的，仅有知识性、趣味性很浓，教育针对性很强的教材是不够的，还需要施教的警察有一副好口才。在正规化的课堂教学过程中，只有当警察充分发挥教学能力，将教材内容与课堂讲解口才表达方法技巧有机结合，方能使知识与思想相融合，滋润输入罪犯心田，从而收取教育改造的良好效应。

一、课堂讲解口才技巧

（一）语言通俗规范、精练形象

课堂讲解的用语应是通俗易懂，准确规范，宜精不宜多，宜具体形象不宜抽象，以适应罪犯普遍文化水平较低、理解接受能力较差的实际。不讲刺激性的话，不使用庸俗的语言或方言土语，不讲脏话，避免口头禅，也不能在表达中经常出现口误、语病，及常识性错误。

（二）音调抑扬顿挫、富于乐感

口语表达的音调抑扬顿挫、富于节奏乐感，才易于使罪犯接受表达的内容。音调的轻重、长短能表达出讲解内容重点、难点。因此，凡是讲解重点、难点内容时，宜使音调重、慢；讲解一般性问题时，宜使音调稍快而轻。音量应适中，不能过大或过小。

（三）言辞语气富有情感

口语表达应洋溢着感情色彩，以感染罪犯。不能言辞生硬、语粗气重，平板冷淡、少情寡味，也不能在课堂上动辄发脾气、训斥罪犯。此外，警察应善于调整自己的情绪，不能有大的情绪波动，不能把不良情绪带到课堂上来，否则会传染给罪犯，影响他们听讲的情绪、效果。

（四）身体语言运用得体

身体语言主要指人的面部表情和姿态动作，如眼神、微笑、手势、站姿等、口语表达需借助身体语言的配合，课堂讲解需要得体的态势。要求讲课警察做到如下几点。

1. 站姿应庄重

既不能久站一个位置不动，也不能走动太频繁，甚至常走下讲台到听课的罪犯中间来回走动；不宜长时间手扶讲台或趴在讲台上，或是把后背长时间留给罪犯。板书时，不宜面对着黑板讲。

2. 运用手势适时适度

手势要与讲课内容、感情起伏、罪犯反应等巧妙的结合起来，不能给罪犯以矫揉造作之感；手势要与手臂并用，臂的动与静、屈与直、高与低、纵与收，必须二者兼顾；臂动作应视教室场面的大小、人数的多少而考虑其动作幅度的大小，否则会失之于张狂或畏缩。

3. 面部表情应轻松自然

浅露微笑，给罪犯以宽厚慈祥之感，但随着讲解内容的需要，也要调试表情。

4. 目视罪犯

善于运用眼神组织教学和传情达意，不能眼望天花板、地面、墙壁或窗外等。

二、评析

某监狱文化教研室按照教育计划，组织高中班的罪犯开展语文课基础知识教学。本着循序渐进的教学原则，警察运用课堂讲解口才的技巧，利用一节课的时间，把《爱莲说》讲述得很成功。

警察走进教室，环视罪犯，宣布上课。

警察：这节课给你们讲讲《爱莲说》（开门见山，直言表达了本节课的中心内容）。

警察转身，将《爱莲说》清晰地写在黑板上。

警察：同学们喜欢花草吗？你最喜欢哪一种花草？说说出理由。

犯甲：牡丹。牡丹雍容华贵。

犯乙：月季、好养活、我家就种的。

犯丙：梅花、冬天开的红艳艳的。

犯丁：我在监舍养的是文竹。文竹又绿又好看。

警察：好，同学们都有自己喜欢的花草。今天，我要给同学们介绍一下莲花。莲花，是我国历代文人墨客的钟爱之物。"荷风送香气，竹露滴清响"，"接天莲叶无穷碧，映日荷花别样红"，"水中仙子并红腮，一点芳心两处开"等等，这些诗句可谓写尽了六月莲花盛开之态。而今天，我们要接触的这位宋代文人周敦颐，更是对莲花情有独钟！在夏秋之交，莲花盛开之际，微风吹过，朵朵鲜花颔首，田田荷叶轻摇，阵阵清香悠远，作者触景生情，爱莲之洁白，感宦海之混沌，写下这篇千古佳作——《爱莲说》。下面，我们就来品读这篇文章。

这篇文章的作者是周敦颐（1017—1073），字茂叔，北宋哲学家。任职南康郡时，曾率属下在府署东侧开辟莲池，池中建"赏莲亭"，南北曲桥连岸。夏秋之交，莲花盛开，清香扑鼻。作者触景生情，写下《爱莲说》，借花述志。"说"是古代的一种文体，属议论文的范畴，可以直接说明事物或论述道理，也可以借人借事或借物的记载来论述道理。下面，请同学们朗读一下课文。

警察领读

罪犯齐读，感情充沛，声音响亮，精神饱满

警察：作者从哪些方面描写莲花的？作者把莲花比作

什么？并赋予了莲花哪些品格？

罪犯回答问题。

警察：作者从生长环境、体态、香气、风度描写莲花的。他把莲花比做君子，赋予了莲高洁、质朴（洁身自好）、品行端正（正直、通情达理）、美名远扬、端庄、令人敬重（仪态庄重）等品格。

警察转身，将板书清晰地写在黑板上。

警察：作者借花喻人。菊是隐逸者，就像那些不肯与世俗同流合污而离群索居、隐遁山林的逸民高士。牡丹是富贵者，贪图享乐。它雍容华贵，绚丽多姿，就像达官显贵和攀附富贵的庸碌之辈。以"菊、牡丹、莲"喻三种人，以三种花象征三种生活态度。既婉曲地批判当时趋炎附势、追求富贵的世风。又通过菊的正面衬托和牡丹的反面衬托突出自己在污浊的社会洁身自好，保持正直坚贞节操的生活态度。

"莲，花之君子者也"作者把莲比作花中的君子，他是要赞美君子形象，这句话是全文的核心。借赞花来赞人，这种写法就叫借物喻人或托物言志。表达了作者洁身自好、不与世俗同流合污、不慕名利的高尚品格，批判了当时趋炎附势、追逐富贵的世风。

《爱莲说》具有"说"这一文体的共同特点，即托物言志。文章从"出淤泥而不染"起，以浓墨重彩描绘了莲的气度、莲的风节，寄予了作者对理想人格的肯定和追求，也反射出作者鄙弃贪图富贵、追名逐利的世态的心理和其追求洁身自好的美好情操。在写作中可以运用这样的写作手法,通过对客观事物的描写或刻画,间接表现出作者的志向、意愿。采用托物言志,关键是志与物要有某种相同点或相似点,使物能达意而志为物核。

警察向罪犯展示几幅莲花的图片。

警察:同学们,我们学完了课文后有哪些收获呢?

文中有这样一句话:"予独爱莲之出淤泥而不染,濯清涟而不妖,中通外直,不蔓不枝,香远益清,亭亭净植"。开放的莲花朵朵清香,打着骨朵的莲花含苞欲放,楚楚动人。早上的莲花精神抖擞,朝气蓬勃;晚上的莲花,若隐若现,朵朵出芳。近看莲花,像一个宁静素雅的少女;远看莲花,好像很多身穿纱裙的女孩在舞蹈。作者虽写的是莲花,但他却是借莲花来说做人的道理,"莲,花之君子者也"。作者把莲花比作君子,君子就是道德高尚,品格正直的人。

文中说:"出淤泥而不决"。这句话让我想起了《悲惨世界》里的主人公冉阿让,他不就是一朵"出淤泥而不染的莲花吗?"他生活在那么一个悲惨黑暗的社会里,到处充满着阴谋与欺骗,可他却一直保持着自己的善良人品,不被那些"淤泥"污染,这不正是我们所需要的品格吗?

莲花它展现的不仅仅是形态上的美,更是品德上的美,这种美,是值得我们每一代人赞扬、学习、发展下去,希望同学们也能像莲花一样做一个品行高尚的人。

【评析】

讲课是多方面技巧的综合与运用。课讲的好坏与否，不仅在于警察充分运用课堂讲解口才，把准备好的知识内容全部讲述出来，而且更重要的是通过警察的表情、动作及口语表达技巧相融，形成浓厚的形象感染力，振奋起罪犯的学习热情，使其通过主动性思维理解所学知识，并能较熟练地应用于实际，提高解决问题的能力。

本节课，警察正是紧紧把握住这一讲课艺术，开课伊始便运用直接表达方法，表达了课程主题。如"这节课、给你们讲讲《爱莲说》"话语虽短，开宗明义，使罪犯明确了本节课学习的中心内容。

警察在点题之后并没有急于直截了当讲述课程内容，而是变换了角度，运用迂回表达方法，导引出罪犯想知道而又感兴趣的问题。即"同学们喜欢花草吗？你最喜欢哪一种花草？说说出理由。"如此表达，既生动又具有启发性，不仅吸引了罪犯的注意力，而且唤起了罪犯的学习兴趣，使本节课一开头就创造了一个良好的课堂教学气氛。

本节课，警察讲述的内容不多，花费时间不长，由于言辞精炼，用辞准确，配合表情动作及板书，深入浅出完整地表达了课程内容，使罪犯通过警察富于实在性、精密性、灵活性、释疑性的口语表达特点及富于逻辑性、形象性的口语表达技巧，掌握了所讲授的知识。

整堂课，警察的教法比较多样，过程安排紧凑，分为课程导入、作者介绍、文体介绍、朗读课文、思考研讨几个板块，整个过程层次清晰。这样一来，警察教的轻松，罪犯也学得轻松，并能心中有数。从内容的角度讲，由对课文的充分了解，整体疏通到对课文内容的思考以及课文的写法，步步紧扣，由感性到理性，也符合罪犯的接受习惯。最后进行高度概括，使此次讲课中心内容收取到画龙点睛的实际效果。

由于警察合理地运用课堂讲解口才，使本来枯燥抽象的教学内容变得生动形象，罪犯学练结合得当，因此使本节课教学获得成功。

第三节 课堂提问口才评析

一、课堂提问口才的认识

"三课"教育的任何一方面内容的灌输,都需要通过各种不同的教学形式去完成,正规的课堂教学,既需要监狱人民警察科学地运用课堂讲解口才,也离不开监狱人民警察灵活使用课堂提问口才。在课堂教学过程中,运用讲解口才向罪犯灌输教育内容是主渠道,但运用课堂提问口才提出问题,让罪犯学员回答,对于深化讲解教育内容,活跃课堂气氛,调动罪犯学员学习积极性,巩固教学成果,也是不可或缺的教学环节。

(一)警察与罪犯之间实现互动

课堂提问中有提问者(即警察)与被提问者(即罪犯)两种角色。实现两者互动是提问的重点。这里的互动不单指一问一答的形式,而是指警察的提问对罪犯思绪、课堂氛围等产生切实影响。如果警察的提问仅从自身角度出发,忽视了罪犯角度的接受与回应,则往往是无效的。就如同打乒乓,只有发球一个动作无法达到击球过程中的平衡状态。警察的提问必须与获得的反馈紧密相连。

（二）实现警察提问目的与初衷

有效提问要求我们（警察）认识问题的性质与功能，认识有效提问对学习者和所学课程的影响。这便要求警察在提问前充分认识问题，设立明确的目的，即希望这个问题的抛出达到怎样的效果。例如警察希望 A 问题能获得课堂中多数同学的准确回答；B 问题能将教学内容从第一部分自然地过渡到第二部分；C 问题能活跃课堂的消沉气氛，使课堂转入愉悦轻松的氛围。如果提问最终达到的效果符合该警察的设立初衷，则提问是切实取得效果的。

（三）对课堂教学具有积极意义

回归到提问与教学的关系这一命题上来看，有效提问是为实现有效教学而服务的。所以，提问并不是只要符合警察单方面初衷便有效，提问必须是符合教学目的、对课堂教学存在积极意义的。提问太难，罪犯理解产生障碍；提问过易，罪犯无需进行思考；提问偏离课堂主题，涣散罪犯思维等，都是对课堂教学产生负面效应的例子，是不可取的。

二、课堂提问口才的技巧

（一）注重问题设计

提问的质量和问题的设计有着密切的关系。如果警察在备课时并未进行问题设计而是即兴提问，这样的问题往往偏离教学重点和关键，或仅仅限于较低水平。首先，所设计的问题难易要适当，问题过难，会使罪犯丧失回答问题的信心；问题过易，则不利于罪犯能力的发展。问题的难易程度应以多数罪犯经过思考后能正确答出为宜。其次，课堂提问应尽量形成系列，环环紧扣教学内容，对于易混淆、易出错的知识点应通过提问来加以区别，要改变课堂提问的随意性，把问题设计作为备课的重要内容之一。

（二）注重问题的语言表达

表达清楚的提问，能够提高罪犯正确回答的可能性。提问的语言力求做到准确、简洁、清晰，避免不规范、冗长、模棱两可的提问。尽量避免反问，因为反问的问题，往往要求罪犯直接说出结果。避免将答案包含在问题之中。避免重新表述，有时警察提出一个问题，随后又重新表述，罪犯的思路被打断，有时重新表述的问题与最初的问题不同，有经验的警察通常不会出现提问后为帮助罪犯理解而重新措辞加以说明的情况。警察可用语言提醒罪犯注意即将提出的问题。

（三）把握提问的时机

在课堂教学过程中，警察提问要注意把握时机。如果时机得当，能够最大限度地调动罪犯的积极性，起到事半功倍的效果。如果时机不当，则会分散罪犯的注意力，起到适得其反的作用。如果把课堂提问加以分类，似乎更容易把握住提问的时机，使提问更加科学。课堂提问可分为新授课前的复习提问、过渡提问，讲授中的突出重点提问、化解难点提问，小结中的知识总结提问，还有为激发兴趣而设置的理论联系实际的提问、应用性提问等。这些提问应用得及时，能优化课堂教学过程,从而使罪犯能积极主动地思考、学习,取得最优的教学效果。

(四)要注意发问的方式

警察发问时,应当先向全体罪犯发问,等全体罪犯思考一遍之后,再指定罪犯回答。这样可以使全班罪犯注意警察所提的问题,并使全班罪犯都在心中试拟一个答案,还能更好地对某个罪犯的答案加以评价。发问不宜依照一定的次序。有些警察往往依照罪犯的座号、点名册上的顺序依次发问,这种机械的发问方法,虽然可以使发问的机会平均分配于全体罪犯,但是因为发问既有一定的次序,罪犯就知道这个问题应该轮到哪位罪犯解答,其余的罪犯,就可以不注意了。所以警察发问时,不要有一定的次序,使罪犯无法推测这一问题,应该轮到谁去解答,因而全班罪犯就不得不注意了。不过警察发问的机会也要平均分配于全班罪犯,不要只向少数聪明的罪犯发问。警察把问题说出之后,需要停顿,有等待时间,等待时间与问题的难度相匹配。

三、评析

某监狱组织罪犯学习《中华人民共和国监狱法》,当警察讲完基本知识和相关问题后,以提出问题让罪犯学员回答的方式,使其巩固学习成果,同时也坚持了学练结合的教学原则。

警察系统地讲完《中华人民共和国监狱法》后,将其中重点、关键处归纳整理成若干问题,向罪犯提了出来。

警察：为什么说《监狱法》的颁布实施，是我国监狱工作史上一件具有划时代意义的大事？

罪犯：《中华人民共和国监狱法》是根据我国宪法关于改造罪犯的规定和健全国家刑事法律，以及适应改造我国罪犯的需要制定的，它是我国第一部刑罚执行的法典。它的颁布实施，是我国监狱工作史上一件具有划时代意义的大事。对于进一步强化监狱职能，准确执行刑罚，促进我们罪犯的改造具有十分重要的意义。

警察：监狱组织全体学员学习《监狱法》的目的是什么？

罪犯：《监狱法》全面贯彻了我国在改造罪犯工作中，坚持社会主义人道主义和保障罪犯合法权利的一贯政策。《监狱法》明确规定，"罪犯的人格不受侮辱，其人身安全、合法财产和辩护、申诉、控告、检举以及其他未被依法剥夺或者限制的权利不受侵犯"，并对罪犯必须履行的一些特定义务做出了明确规定。这些规定不仅体现了我国保护罪犯合法权益的立法精神，也充分显示出中国监狱现代化、文明化的本质特征。

警察：罪犯在服刑期间的犯罪主要有哪几种？

罪犯：罪犯在服刑期间的犯罪主要有组织越狱罪、脱逃罪、故意杀人罪、伤害罪、盗窃罪、流氓罪、传授犯罪方法罪七种。

警察：什么是脱逃罪？

罪犯：依法被关押的罪犯、被告人、犯罪嫌疑人，从羁押和改造场所逃走的行为。

警察：罪犯脱逃有哪些危害？

罪犯：脱逃亵渎了法律尊严，脱逃给社会造成严重危害，也就是说脱逃破坏了社会正常秩序，使正常的社会生活遭到威胁；脱逃危害个人改造前途，因为脱逃是犯罪行为，脱逃的罪犯也会再次受到处罚；脱逃也危害了家庭和亲友。

警察：为什么说脱逃无出路？

罪犯：罪犯脱逃危害极大，必须坚决打击。《监狱法》第四十二条、十四条规定监狱发现在押犯脱逃应当及时将其抓获，不能及时抓获的，应当立即通知公安机关，由公安机关负责追捕，监狱密切配合。监区、作业区周围的机关团体、企事业单位和基层组织，应当协助监狱作好安全警戒工作。上述规定表明：第一，脱逃是又犯罪行为，是社会主义法制所不容许的，要坚决打击，严惩不贷；第二，在人民警察、看押部队和监区周围群众三道防线面前，在公安机关以及全国人民组成的天罗地网之下，妄图脱逃必将碰得头破血流；第三，逃跑无出路，个别罪犯脱逃也可能得逞于一时，但天网恢恢，疏而不漏，高墙可越，法网难逃，脱逃者终将受到应有的惩罚。

【评析】

课堂提问过程，是警察口才运用的过程。该实例中的三种提问方式，集中体现了警察口语表达的鲜明特点：

问（1）是以反问设疑的口语表达方法提出的。"为什么说《监狱法》颁布实施是我国监狱工作史上的一件具有划时代意义的大事？"简洁而有力的一问，引起罪犯们的高度注意。这一问题的提出，突出了监狱法的本质，使罪犯通过回答，加深了对《监狱法》颁布实施的重大意义的认识，为继续学好监狱法打下于思想认识基础。

问（2）（3）采用的是直言表达法。问（4）（5）则采用了连环表达法，以环环紧扣的口语表达，提出一问，紧接着又提出一个反问："为什么说脱逃无出路"，提问口语表达言辞精炼，语气果断，语调清晰，使罪犯学员能在连续思索中，既清晰地思考应回答的问题，又使其必然联系自身改造实际。通过回答问题，既使罪犯学员巩固了所学到的法律知识，又使其受到了法制教育。

该实例中，警察因设题不同，因教学需要不同，变换着不同的提问口语表达方法，自然、流畅、清晰、明白；罪犯回答问题逻辑严谨、准确全面。但从罪犯的学习态度和知识水平以及口才能力方面分析，其口语表达如此流畅，不能不令人确信，罪犯是看着课本在回答问题。

第四节 组织讨论口才评析

组织讨论口才是监狱人民警察对罪犯进行"三课"教育过程中，经常采用的一种行之有效的口语教育方法。在组织讨论时，警察口才活动效应如何，对讨论的组织、讨论内容的深化程度、讨论目的能否实现，有直接的影响。

一、组织讨论口才的技巧

（一）创造宽松愉悦的讨论环境，是有效组织讨论的基础

有效的组织讨论应是师生共同参与、共同探求知识的过程，这就要求作为教学活动主导者的警察，在课堂教学中面向全体，尊重罪犯，主动为罪犯营造宽松愉悦的学习氛围，创设民主平等的语文教学的讨论空间。警察应该把自己放在跟罪犯平等对话的位置上，积极参与到罪犯的讨论中，对罪犯的讨论及时加以点拨、引导。还可以以问题讨论参与者的身份诚恳地谈自己的体会、感受和观点，进行潜在导向，并贯穿讨论的始终，让罪犯在师生平等的讨论中自我判定，深化理解。在讨论中，警察还应对罪犯的发言多给予肯定、表扬，鼓励罪犯思考质疑，激发罪犯自主学习的兴趣和信心。在这种民主和谐的讨论平台上，罪犯才可能真正完全打开思想的闸门，进行思维的碰撞，展开激烈讨论，在讨论中互问，与警察对问，做到畅所欲言，开诚布公，使课堂教学真正呈现自主、合作、探究的学习氛围。

当然，我们强调民主平等的对话，并不否定警察的主导地位，在讨论过程中，警察不应该把组织者和解说者的身份让位于罪犯，使自己陷于插不上嘴的局面，失去引导、点拨的机会，使自己成为旁观者。

（二）科学组建组织讨论小组，是有效组织讨论的前提

在课堂教学中，教师往往采用分组讨论这一形式组织讨论，而不少警察在讨论前，并没有对罪犯进行合理分组和有效分工，没有对讨论提出明确要求，只是很笼统地讲一句"这个问题，你们讨论一下"，至于怎样讨论，没有提出具体要求，罪犯不得要领。讨论往往流于形式，很容易造成组内成员讨论的不知所措和课堂上的混乱局面，难以实现预期目标。那么，如何避免组织讨论的盲目性、随意性和无序性呢？

首先要科学构建合作学习小组。构建合作学习小组是进行合作学习活动的组织前提。各组之间的综合水平基本平衡，即要把优秀罪犯和学习困难的罪犯合理组合，这样可以避免组织讨论成为优秀

罪犯的"一言堂",也可以调动学习困难的罪犯的积极性。其次确定角色,明确分工。实践告诉我们,选一名成绩好、责任心强、有一定组织能力的罪犯担任组长,负责全组的组织、分工、协调、合作等工作至关重要。组长负责解说组内的交流,协调成员间的关系,调动成员参与的积极性,负责记录发言内容。组长角色可定期轮换。另外,必须落实相应的讨论要求,如要求罪犯在思考的基础上积极参与发言,并善于做虚心的倾听者,在倾听中认真思考,分析他人的长处与不足。

(三)精心设计讨论问题,是有效组织讨论的关键

"学起于思,思源于疑",疑问是思维的火花,思维应从问题开始。问题是组织讨论的核心内容,也是组织讨论的有效载体。讨论问题设计的好坏是组织讨论的关键,它直接关系到组织讨论的成败。因此,有效组织讨论必然呼唤课堂有效提问。

提出什么样的问题呢?它应该是满足罪犯学习需求的,是罪犯感兴趣的,能调动罪犯学习积极性的;是探究性的,能促进罪犯积极思考的;是开放性的,能激发罪犯自由想象和思考的;是与罪犯的学习经验和生活经验相联系的,能推动罪犯对知识和意义的建构,而不应是远离罪犯个体经验的。

如何提问呢?讨论的问题必须是精心预设的,需要进行认真负责、有目的的提问。警察既要提前精心设计问题,做到提出的问题难度适中和数量适当,又要在课堂教学过程中注意提问的时机和措辞的运用,根据罪犯的情况灵活设问。专家为警察的有效提问提供

几点建议作为基础：设计提示课文结构和指导的关键问题；问题的措词必须清晰、明确；提出的问题要符合罪犯的能力水平；要有逻辑地、连续地提问题；设计的问题要有水平区分度；问题要紧追罪犯的反馈；回答问题时，要给予罪犯充分的思考时间；采用能调动更多罪犯参与积极性的问题；鼓励罪犯提问。当然，课堂本身是开放的和复杂的，充满太多不确定性。是放是收，并不存在固定模式，警察需要根据罪犯的学习情况及时做出相应变化或重新设计问题。警察应该对罪犯的讨论做出中肯评价，而不能笼统地说讨论得不错。

警察要想提高组织讨论成效，就必须把提问作为一种艺术研究，提高提问有效性，成为善于提问的高手。当警察精心设计的问题成为启发罪犯自由地积极思考和探究的有效力量时，组织讨论就会充满生机和活力，呈现出百花齐放、百家争鸣的有益局面，教学目标就能圆满实现。

二、评析

《中华人民共和国监狱法》颁布以后，某监狱及时对全体罪犯普及《监狱法》，监狱长以报告的形式进行了以《如何认识罪犯的权利和义务》为专题的政治思想教育。教育内容系统广泛，对转变罪犯的犯罪意识，提高其正确认识，具有很大的促进作用。为了利于罪犯紧密联系自身改造实际，深化对"罪犯权利义务"问题的认识理解，监狱要求各管教大队以中队为单位，组织罪犯开展讨论，以使其通过讨论，求得共识。

我们仅展示某警察就讨论的中心题目、讨论要求，以及对犯甲的讨论话题提示引导，促使讨论顺利进行的基本口才活动，使人们从中受到有益的启示。

监区全体罪犯端正地坐在自己的位子上，默默等待着警察讲话，这是一次规模较大的讨论课。

警察：经过几天的学习，想必你们已经明确了《监狱法》颁布实施的重大意义，理解了《监狱法》各条款的内容精神。今天主要就监狱长讲的"罪犯的权利义务"问题，组织你们进行讨论。

《监狱法》对罪犯的权利和义务作了明确规定，这充分表明了我国监狱制度的进步、文明和人道。如果你们懂得如何依法履行义务正确行使法定权利，对促进你们的自身改造，具有十分重要的作用。

下面，你们就围绕着罪犯的权利义务这个中心题目，紧密联系个人实际，广开言路，各抒己见。

（罪犯默默相对，注视着警察，有的现出沉思状，有的欲言又止。）

警察：你们不要有顾虑，怎么认识的就怎么谈。万事开头难，谁先开个头？

犯甲：我先说一说，说错了请警察批评（语气诚恳）。

《监狱法》里说了，监狱对罪犯实行惩罚与改造相结合，教育和劳动相结合的原则，是革命人道主义的又一体现，对我们的改造有巨大指导意义，使我们更加相信党的政策，坚定了改造信心。

警察：刚才某某的发言，对《监狱法》确定的改造罪犯的原则有了一定理解，而且发言积极踊跃，值得发扬。下面，希望大家能围绕"罪犯的权利和义务"问题发言讨论。

犯乙：我发言。（表情很激动）我投改已十余年了，余刑不多，起初还有很多疑虑，认为犯过罪的人即使刑满出监，别人也不会正眼看你的，自己也会感到自己只能是个二等公民。通过学习《监狱法》和听取了监狱长的报告，受到了很大教育启发，现在顾忌全没有了。因为国家不仅没有歧视罪犯，而且对我们今后的就业安置问题也给予了法律保障。《监狱法》规定了"刑满释放人员依法享有与公民平等的权利"。《监狱法》给我吃了定心丸。

犯丙：我也说说，自从投改后，一直担心着自己的房产，是《监狱法》解除了我积久的心病。《监狱法》规定了要保护犯人的合法财产，原话不这样，但意思是这样的。我们的政府干部更是为犯人的利益着想，为犯人解决困难，这还不都是为我们好好改造着想吗？前不久，在政府干部的关怀支持下，尤其是我们中队的领导不顾辛劳地帮助我打赢了房产官司，保住了我的房产，真叫我感激万分。同犯们，你们想想，这些事实不充分说明了犯人的合法财产和各种权益也同样得到了国家法律的保护吗？（激动地坐下）

第三章 监狱人民警察"三课"教育口才

警察：(面带笑容，注视在座罪犯，示意大家静下来)刚才几个人的发言都是根据罪犯的权利谈的个人认识，看来大家对权利问题非常重视，这是无可非议的，你们能不能再谈谈罪犯应履行的义务？如果理解不了这个问题，不很好地履行自己的义务，你就不可能更好地得到应有的权利。

下面谁来谈一谈？大家要积极发言。(以手示意举手待发言的罪犯发表个人看法)某某，你再带个头吧。

犯甲：一个犯人如果只想到个人，只要求保障自己的权利，而不履行法律让我们应履行的义务，就不可能好好改造自己，不好好改造，不争取重作新人，就是把权利和义务对立起来了，片面追求权利而不履行义务这是监狱法所不能允许的。我说完了。

犯丁：我认为，作为犯人在监狱里必须接受政府的教育，服从管教，认真学习，努力生产，刻苦改造自己的世界观，早日把自己改造成为新人。不但要树立信心，而且一定要落实在行动上，只要我们好好履行义务，政府能更好地保护我们的权利。所以我们不能只强调权利问题还要保证履行义务。

警察：以上发言，通过互相启发、互相补充，认识更清楚了，更全面了，这对你们今后的改造会起到积极促进作用。你们就照这样继续发言吧。

(略)

【评析】

组织讨论很重要的一环是监狱人民警察的引导与控制。只有把握好引导与控制，才能使罪犯投入讨论的积极性和主动性得到发挥而不过头，才能使讨论的问题展得开又收得拢，从而达到讨论的预期目的。

警察以迂回表达法引导罪犯认真回顾《监狱法》与监狱长的报告，暗喻了此次讨论的中心内容，然后话锋一转直接表达了讨论题目，先声夺人地集中了全体罪犯的注意力。言辞简明干脆，表达自然贯通。

当罪犯明了讨论题目之后，警察并没有急于宣布开始讨论，而是高度概括了这一讨论题目的实质以及这一问题对甲犯改造的作用。引导罪犯放弃思想顾虑，积极发表个人认识。因为头开得好，则为罪犯的顺利讨论提供了有利的前提条件。

在讨论过程中，当罪犯思路未能集中，发言偏于一方面问题，即罪犯的权利的时候，警察马上加以控制和引导，提示罪犯不能忽视对应履行的义务各抒己见。这样，一方面控制一方面引导，使讨论的主题更趋于集中，从而使讨论气氛更加热烈。

在组织讨论中，警察不仅合理地运用了组织讨论口语表达方法，而且在表达技巧上也显示出鲜明的口才特点。

（1）言辞精炼而简矩。使罪犯一听就懂，能很快接受。

（2）语调语速适中，烘托了讨论氛围，使罪犯能喜闻乐听。

（3）态势自然而随和，使罪犯没有压抑感，认识体验能表达得通畅自然，激动情感表现得淋漓尽致。

该例虽然只展示了讨论的片断，但据此发展，展现在我们面前的应是紧紧围绕讨论中心，争先恐后、积极发言的热烈讨论场面。也是一次成功的讨论。

第五节 解说口才评析

解说是对人、事或理进行的解释说明。它一般是针对眼前事物、形象、画面、照片等进行解说的，即通过描写、叙述、说明、议论和抒情，把事物、形象、画面、照片的来历、特点、意义、价值、寓意乃至本质规律等介绍给听众或观众。监狱人民警察在监狱组织的活动中应及时掌握解说口才的技巧，以达到教育改造罪犯的目的。

一、解说口才的技巧

（一）使用规范的普通话

通常的对话环境下，说话人的音色、音量和音域，与表达效果的关系不是很大。但在解说口才中，发音吐字却是至关重要的。这也是解说语言最基本的功力要求，是解说警察做好本职工作的前提条件。想要讲好普通话，一要注意语音标准规范，二要注意用词和语法规范。语言是一个个词语按照语法规则组合起来，造出句子进行交际的工具。其中词汇反映人们客观世界认识的广度和深度，是语言的建筑材料，没有建筑材料就不能盖房子，所以没有词不能造句子。解说警察的词汇越丰富、越发达，其语言本身也就越丰富、越发达，表现力也就越强，也就能更确切地表达思想、传递信息。解说语言中的每个词、每句话，都必须是按照代汉语语法规则进行组合。解说语言的语法必须严谨完整、逻辑清晰，这样才能准确无误地把解说内容传递给罪犯。

（二）解说应与内容相一致

解说的基调是由内容的性质构成的。类型不同，其解说的基调则大相径庭：庄重严肃的；亲切热情的；轻松活泼的；风趣幽默的。解说警察只有深入了解解说内容，方能准确把握基调，运用解说语言将主题渲染出来，做到形神兼备，准确将"思想感情"传递给受众。毫无疑问，解说警察的语言表达应当追求语流的丰富变化，形成一种"曲线美"。当然这种美的组织与表达不是随意的，要与内容的基调相吻合。有的解说警察不论解说何类内容都是一个味儿，究其根源就是事先未能弄清解说的基调。不同的内容，有着不同的解说特色、不同的解说风格，需要运用不同的语气表达情感。所以在解说之前，解说警察应对解说的整体进行把握，了解解说的性质和内容、解说的环境和气氛，交流的对象及身份等因素。根据解说的基调理解和消化解说稿的内容，将其转换成艺术化的口语，这样才能表达得自然、恰当、妥帖、圆满，说得优美动听，给人以美感。

（三）交流应融入真情实感

古人云："感人心者莫先乎情"，充满深情的语言往往能撞击罪犯的心扉，引其情感的共鸣，从中得到感情的释放、交流与享受。

所以，感情是解说警察语言表达的依托，解说警察在与罪犯交流的过程中应该是始终饱含感情的。充满感情的语言能大大加强传播的效果，尤其在艺术活动中，解说的认知功能、娱乐功能、审美功能都通过情感起作用。解说警察应当根据解说的基调.正确运用情感及情感的变化.带领罪犯一同融入解说的氛围，让罪犯感受到言语有心。

但是情感交流并不是无的放矢，情感的释放需要把握分寸，这也是解说警察口才的重点功力要求，是解说警察语言艺术中的重点和难点。若解说警察缺乏激情，会与罪犯心理不协调，不能满足罪犯的审美需求；如果解说警察失去控制，情感渲染过于浓烈，则易被认为在"煽情"、"做秀"。罪犯会对解说警察情感的表达和交流产生抵抗心理。真诚饱满的情感会使解说警察更加充满人文关怀，从而更好地提升解说的品位。冷漠、无动于衷麻木不仁是解说的大敌。解说警察面对不同年龄、不同职业、不同文化背景的罪犯，面对大千世界许多经历的或未曾经历过的生活，面对熟悉的或陌生的事件，难免会有深浅不同的感情体验，但无论怎样，解说警察都应该以富于情感的态度倾听、讨论、交流，体现博大的人文情怀。

（四）语言应字斟句酌、具有内涵

众所周知，解说警察的"说话"是大众传播，是公开发表，要负责任的。所以解说警察说话前要像写稿子那样，字斟句酌之后才能出口，要少出差错，不出差错；要条理清楚，开口之前先整理思路，然后一边说一边整理思路。解说语言是有声语言，是人们传递信息、交流思想的手段，它是由语符、语义、语言的文化内涵三个层次构成。其中语义隐藏于语言代码的背后，反映了人们传播的意旨和目的，是有声语言的实质；语言的文化内涵是将语言作为一种刺激，使人们在获得信息的同时，引起审美想象，得到文化的陶冶和美的享受。这样解说语言在达到生活化、口语化要求的基础上，也需要精于修辞，锤炼字句，做到高雅而不粗俗，回味无穷而不是味同嚼蜡，既能被大众理解和接受，同时又具有厚重而丰富的文化内涵。

（五）控场应机智灵活

当解说警察直接面对罪犯进行交流时，解说警察语言表达上的一点混沌都会给解说的进行带来不必要的麻烦，会直接影响到罪犯的接收效果。因此，解说警察要尽量避免自己言语表达上的不当，培养自己快速反应的能力，只有这样，解说起来才能做到从容镇定、挥洒自如。要想成为一名优秀解说警察必须有机智灵活的现场反应能力，否则很难保持长久的魅力。解说过程中，遇到突如其来的情况时，解说警察应充分调动自己的主观能动性，使大脑思维处于高度运动和思考状态，迅速快捷地做出反应，引导和控制场上的局面，处变不惊，保持清醒头脑，急中生智，即兴发挥，机敏而巧妙地引导罪犯向预定的方向发展。

二、评析

爱国主义教育是监狱对罪犯实施政治思想教育的一项重要内容。许多在押未成年犯对祖国的建设发展一无所知，他们心灵扭曲，厌弃祖国，崇尚外国资产阶级生活方式。为了改造他们的错误观念，唤起他们的民族自信心、自豪感，监狱总是不失时机地从各方面对其加强爱国主义思想教育。

正值建国70周年，某监狱举办了大规模图片展览，组织未成年犯参观，通过解说形式，对其加强爱国主义的教育。

解说警察：中华民族是富有爱国主义光荣统的伟大民族。热爱祖国是中华民族的优良传统，是中华民族生生不息、自立于世界民族之林的强大精神动力。爱国主义是动员和鼓舞中国人民团结奋斗的一面旗帜，是推动我国社会历史发展的巨大力量，是各族人民共同的精神支柱。国家是小家的寄托，更是个人的寄托；国家是物质利益的寄托，更是精神家园的寄托。爱国主义是在漫长的历史过程中形成的，是获得全民族高度认同的崇高感情，那么在新的历史条件下，作为青少年，我们应该如何继承和发扬爱国主义精神成为一名忠诚的爱国者呢？请看这里。（指向一幅幅祖国大好河山的图画）

解说警察：学员们，这是黄河长江，奔腾万里，哺育了一个多么辉煌的民族啊！五千年的辉煌历史，享誉四海的华夏文明，足以让人叹为观止。但中华民族也曾几经沧桑、几经痛苦，我们的祖国母亲也曾倍受欺凌与侮辱。我们永远不会忘记，圆明园的火光，也忘不了曾扣在中国人民头上的"东亚病夫"的帽子；忘不了南京三十万同胞的鲜血染红了大地、哭声震动了上天；也忘不了上海公园门前"华人与狗不得入内"的牌子！

解说警察：（手拿指示鞭，面向罪犯，表情严肃，自然站正）：你们知道中国共产党经历过哪些浴血奋战，才建立起我们伟大的中华人民共和国吗？

犯甲：北伐战争。

犯乙：土地革命。

犯丙：抗日战争。

犯丁：解放战争。

解说警察：对、大家说的都很对。除此之外，我们还经历了第一次国内革命战争，第二次国内革命战争，第二次世界大战（解说警察指向《开国大典》这幅图）。

解说警察：终于，在1949年10月1日，当毛主席站在城楼上宣读公告时，当朱总司令下达总部命令时，全中国人民都沸腾了。这一天中国正式向世界宣告：中华人民共和国诞生了，中华民族重获新生！

解说警察：1949年10月1日以后，中华人民共和国以一个全新的面貌面对世界。1949年新中国的成立使祖国母亲彻底摆脱了被压迫的境地，中国这头东方睡狮开始慢慢觉醒，但却步履维艰。直到1978年，中共十一届三中全会做出全面实行改革开放的新决策，从此改革开放的春风使中华大地再次焕发了活力，中华民族终于踏上了民族复兴的伟大征程！

改革开放的41年,是中国经济迅速蓬勃的41年;改革开放的41年,我们国家在进步,人民生活达到小康水平;改革开放的41年是中国航天事业不断创新的41年;改革开放的41年,也是我国体育事业蒸蒸日上的41年;改革开放的41年,是辉煌的41年!我们坚信,在中华民族伟大复兴的征程上,必将出现一个又一个辉煌的41年!

解说警察:2008年的北京奥运会,让中华民族又一次走在了世界的前端。

(向罪犯展示一些关于2008北京奥运会的图片)

解说警察:中华民族正走向伟大复兴,面对我们如此伟大的祖国,我们怎么能不从心底里生出一种热爱之情呢?

弘扬爱国主义,立志为国进取。爱国就是对祖国的忠诚和热爱。历朝历代许多仁人志士都具有强烈的忧国忧民思想。以国事为己任,前仆后继,临危不惧,保卫祖国,关怀民生,这种可贵的精神,使中华民族历经劫难而不衰。爱国的内容十分广泛,热爱祖国的山河,热爱民族的历史,关心祖国的命运,在危难之时的英勇战斗,为祖国捐躯,都是爱国主义的表现。在中华民族五千年的发展历程中,中华民族形成了以爱国主义为核心的伟大民族精神。

捐躯赴国难,视死忽如归,正是由于对祖国的深切热爱,勤劳智慧的中华儿女共同开拓了辽阔的疆域,创造了辉煌灿烂的文化。肩负祖国的大好河山,积极维护祖国的主权独立和领土完整。祖国的领土寸土不能丢,不能被分裂侵占,要热爱祖国的历史和文化,提高民族自尊心和自信心,为创造更加辉煌的民族文化而尽心尽力。

今天,我国已步入新的历史时期,加入世贸组织使我国与各国的联系更加密切,机遇与挑战并存,我们将面临越来越多的新情况,新问题。推进我国改革开放的伟大事业,加快社会主义现化会建设的进程,更需要我们不断弘扬爱国主义的优良传统。只有这样,中华民族才能重振雄风,为人类文明与进步做出更大的贡献。

少年兴则国兴,少年强则国强。我们要适应时化发展的要求,正确认识祖国的历史和现实,增强爱国的情感和振兴祖国的责任感,树立民族自尊心与自信心,弘扬伟大的中华民族精神。高举爱国主义旗帜,锐意进取,自强不息,艰苦奋斗,顽强拼搏,真正把爱国之志变成报国之行。今天为振兴中华而好好改造,明天为创造祖国辉煌未来贡献自己的力量!

学员齐颂:少年兴则国兴,少年强则国强。今天为振兴中华而好好改造,明天为创造祖国辉煌未来贡献自己的力量!

【评析】

图片解说不仅在于如实讲解图片、说明,更重要的是口语表达者以简洁的言辞、抑扬的语调、形象生动的解说,吸引参观者、打动其心,使其受到解说者的情感感染,将看与听融为一体,内化为深切感受体验，从而达到教育目的。

该实例中，解说警察正是把握了解说口语表达方法技巧，将展室几十年中国发展进程中的图片连成一体，解说得活龙活现。纵观其口语表达，显露出3方面特点。

（1）表达详略得当。对于图片与图片之间有密切联系的部分详细表达，对于一看便知的图片，如开国大典，则一语以蔽之。

（2）表达情真意切。面对祖国几十年飞速的发展和日新月异的变化，情真意切的解说，必然极大地感染参观的青少年罪犯，激发起他们热爱自己的祖国，认真改造的情感，使解说警察与罪犯在同一情感上产生共鸣，从而使图片解说产生振聋发聩的效应。

（3）表达重于教育。解说警察并未就事论事地解说，而是不失时机地抓准罪犯被激发起来的情感，对其进行爱国主义思想教育和加速改造的引导。如解说中的"少年兴则国兴，少年强则国强。我们要适应时化发展的要求，正确认识祖国的历史和现实，增强爱国的情感和振兴祖国的责任感，树立民族自尊心与自信心，弘扬伟大的中华民族精神。高举爱国主义旗帜，锐意进取，自强不息，艰苦奋斗，顽强拼搏，真正把爱国之志变成报国之行。今天为振兴中华而勤奋学习，明天为创造祖国辉煌未来贡献自己的力量！"就是解说警察紧紧把握解说的要旨，借助图片解说的情境刻意顺乎情理地对罪犯进行的教育，鲜明地突出了解说的教育性。

解说警察在解说过程中充分运用了顺向直抒和夹叙夹议的口语表达方法，表达言辞简洁准确，语调切合解说内容实际，身体动作自然贴切。正是口语表达方法技巧运用得当，使此番解说获得了成功。

第四章

监狱人民警察报告口才

第一节 监狱人民警察报告口才概述

一、对监狱人民警察报告口才的理解

作报告是人们所熟知的一种口头语言表达形式,报告口才是监狱人民警察进行法制宣传教育、工作思想沟通及挽救罪犯所必须具备的一项重要技能。

《辞海》中对"报告"一词的解释有三条:1.对上级有所陈请或汇报时所作的口头或书面的陈述;2.在会议上向群众所作的正式陈述 3.讲演,就某些专题作系统讲述。作为监狱人民警察口才的组成部分,报告口才的"报告"一词的内涵更接近《辞海》中释义的第三种解释。换言之,作为口才的"报告"是讲演的一种特殊类型,是实践性更强、目的更明确的一种讲演。

日常生活、工作中我们对一些报告类型已经比较熟悉,例如学术报告、英模事迹报告、干部述职报告等。在这些报告中,报告警察都表现出了不同的口才,即不同的语言表述艺术、不同的口语表达能力,由此也收到了不同的效果。有的警察思维缜密,语言流畅,

因而引人入胜；而有的警察虽然口若悬河却离题万目，不着边际，因而使人昏昏欲睡。究其原因，在于某些人对"口才"一词存有片面认识，认为"口才"就是"嘴皮子功夫"，嘴快、利索就叫有口才，而实际上却并非如此。众所周知，语言是思维的物质外壳，通俗讲就是"言为心声"。报告等语言活动的目的在于交流、传递人们的思想，语言只是这一信息交流过程中的媒介。因而口才作为运用语言这种媒介的能力，不单体现在表达能力上，更体现在思维能力上，同时还要伴之以相应的情绪、情感状态。我国的监狱人民警察通过其神圣的工作，教育公民忠于社会主义祖国，自觉遵守宪法和法律，积极同违法犯罪行为作斗争，同时还担负着改造罪犯的重任。他们在运用报告这一手段进行工作时，尤其要注意语言表达思想、意识这一特点。要以法律为依据，在正确思想的引导下不断加强对自己口语表达能力的锻炼。

综上所述，监狱人民警察报告口才就是指通过陈述的形式向罪犯传递信息，表达思想情感的口语表达能力和艺术。

二、监狱人民警察报告口才的特点

此处所阐述的特点有以下2方面的考虑。

其一，报告口才与讲授、辩论等其它类型口才相比的特殊之处。

其二，本书所指的报告与一般意义上的通知、汇报又有所区别，作为监狱人民警察口才的重要组成部分，报告口才更重在使罪犯由"知"到"行"的转化。换言之，报告警察作报告的本质在于报告警察用自己的思想情感感染罪犯，使之产生共鸣，进而采取报告警察所期望的行为。

具体看,报告口才有以下几方面的特点。

(一)报告警察的主导性

报告警察、罪犯、报告内容是报告的三个基本要素。报告就其形式而言是以报告内容为中介的报告警察和罪犯的双边活动过程。在这一活动过程中,报告警察是主导者。

报告警察的主导性体现在报告警察对报告的内容熟知并做了充分准备,报告警察传递报告内容的方式、方法由他自主选择,罪犯的情感、思路、收听效果都主要取决于报告警察。

报告警察的主导性这一特点主要是由报告的三要素之间的关系决定的。在报告警察、罪犯、报告内容这三要素之中,报告警察和内容之间的关系是输出的关系,而罪犯与内容之间的关系则是输入的关系。报告警察是报告内容的初始占有者,通过报告过程,最终达到罪犯、报告警察共享报告内容信息的目的。这种关系决定了罪犯在报告开始之前对内容一无所知或知之甚少,从而决定了报告警察在报告中的主导性地位。

另一方面,报告口才与讲授、辩论等口语表达形式相比,其言语主体在进行口语表达活动的过程中受言语客体影响而采取的反馈性行为较少。例如,在辩论赛中辩手必须不断根据对方辩友和观众的反应而修改其表达内容和方式,随机应变。教师在讲课过程中也必须根据学生的反应和理解程度而选择讲授方式和进度。相比之下,报告则更强调报告警察的思路,这也是报告警察主导性的一种体现。

(二)报告警察的计划性

不论是应邀的还是自发的报告,报告警察在作报告之前都有一个对报告的内容、形式进行酝酿、准备的过程。这一点不同于即席讲话等其他口语表达形式。时间上的这种准备性可以看作是报告型口才计划性强的一方面。

从内容上看,报告口才也有计划性强的特点。由于报告警察在报告中具有主导性,所以报告内容一经确定往往不会在报告过程中有较大变动,会按部就班地进行。同一个报告往往在不同地点、不同时间重复进行,而报告内容基本不变,这正是报告内容计划性的体现。

(三)报告警察的高效性

作报告的过程就是一种信息传播的过程,信息传播效率的高低取决于单位时间内获得信息的人的多少。作为信息传播手段之一的报告会,正是具有信息传播效率高这一特点。

报告不同于个别谈话、分组讨论,其最突出特点就在于它能在同一时间内由一个或少数几个人将大量信息传递给数以千百计的听众。正因为报告的这一特点,所以单位、集体乃至国家有重大决定、举措时往往采取报告会的形式通告。

报告口才高效性这一特点也往往被广泛运用于法制宣传教育、普及推广科学知识当中。

(四)报告警察的情感的平静性

情感的平静性是指要求口语表达者要在作报告的过程中保持平

静的情绪、情感状态。报告、演讲等口语表达式的根本目的在于用自己的思想影响别人,因而为了增强效果往往要通过口语表达者个人的情感变化去影响和控制罪犯的感情。很多名人在讲演过程中都有强烈的情感流露,例如,林肯在讲演中痛斥奴隶制度时,将手臂高高举起,紧握拳头在空中摇摆,以表示他的观点是威严的。闻一多先生在《最后一次讲演》中则历数反动派的无耻行径,拍案而起。

与讲演相比,报告口才则较少有情感的大起大落,而始终以较为平稳的情绪状态进行。可以说讲演是重在"动之以情",而报告则重在"晓之以理"。

三、监狱人民警察报告口才的技巧

报告型口才作为一种口语表达能力,可以说既具有艺术性,又具有技术性。在报告会上要想抓住罪犯的思想、控制其情感,不掌握一些常用的技巧是不行的。下面就几个方面来讲一讲监狱人民警察报告口才的技巧。

(一)有声语言的技巧

监狱人民警察报告口才说到底是一种口头语言表达艺术,口头语言是以声音作为中介去影响罪犯的。因而,声音这种刺激信号的性质就决定了报告的口语表达效果。语言的声音好比一个人的仪表,总是首先被感知的。声音的质量怎样,是否被接受就直接关系到报告的成败。如果一场报告的口语表达者口齿清晰、音调悦耳,使罪犯得到一种美的享受,我们认为其报告会收到较好的效果。反之,如若报告警察口齿不清、音调呆板，使人昏昏欲睡，那么即使报告内容再生动，观点再正确，效果也不会好的。一般来讲，有声语言的技巧包括以下几方面。

1. 吐字清晰，嗓音宏亮、圆润

报告警察要想有效地表达自己的思想情感，首先要求吐字清晰，否则就会使罪犯在理解上产生歧义，影响了对报告内容的理解。

圆润悦耳的声音能愉悦罪犯；嘶哑，刺耳的声音会刺激罪犯。要想做到嗓音洪亮、圆润，就要处理好"字"与"音"的关系，做到"一字带声"，从咬字、吐字正确清楚出发，再要求发声的清亮圆润。要学会全面科学的发音，要从三个方面入手，即依靠正确的呼吸，获得必要的气息支持；找准发音部位，发出正确清晰的声音；灵活恰当地运用各种共鸣，取得响亮悦耳的共鸣声。

2. 节奏分明、变化有致

节奏是音乐的要素，也是自然界普遍的现象。潮涨潮落、吐故纳新无不体现出节奏感。在语言表达过程中，节奏就是指音节排列组合后体现出的一种均衡和谐的美。监狱人民警察报告口才中的节奏不如诗歌中的节奏那样严格、整齐。其节奏变化既要适应内容的需要，又要适应感情的需要。一般说来，抒情性的段落、描绘性的段落的节奏应慢一些；陈述性的段落，说明性的语句适合采用中板；表示强烈感情的爱与憎的议论、指责应采取快节奏。只有根据报告的不同内容和报告的情感变化而采取不同的节奏才能增强报告的感染力。监狱人民警察报告口才的有声语言技巧还有许多方面，例如重音、变音，停顿等都是广大监狱人民警察在报告口才中应注意和训练的方面。有声语言技巧在本书的其它各章都做了较为详细的介绍，在此不再赘述。

（二）身体语言的技巧

声音是语言的物质中介，报告和其它口语表达形式一样，都需要通过声音表达思想情感。但在实际中可能有这样的情形，两名作相同内容报告的警察的质量不相伯仲，罪犯在理解上都没有任何障碍。但是两场报告的效果却大相径庭，一个获得空前的成功，罪犯反映强烈；而另一个则倍受冷落，罪犯觉得味如嚼蜡。之所以会出现这样的结果，原因就在于报告成败因素之中除了音质、音调、节奏等有声语言技巧之外，还包括表情、手势、神态、气质等身体语言技巧，而在内容、有声语言技巧等因素不变的条件下，身体语言的技巧运用是否得当就决定了报告的成败。而表情、神态、手势等之所以被称为身体语言，原因在于这些因素和声音一样，也是传递信息的中介，而且往往在报告中起到意想不到的效果。失去这些辅助性的因素，就好比巧妇下厨而无调味之物，再好的菜也会索然无味。

实践证明，凡是成功的报告都每每辅之以适当的身体语言。有人曾经对48位成功的演说家进行调查，找出了除内容之外其他信息传递手段使用的频率，其结果如下表所示。

手段	眼睛	手势表情	声调停顿	笑、咳嗽	走动
使用人数	48	36	41	19	17
百分比	100%	75%	85.4%	36.6%	35.4%

从表中可以看出，身体语言在报告和演说中的重要程度如何。具体说，身体语言手段一般包括以下几方面。

1. 眼神

"眼睛是心灵的窗口"我国古代早就有"眉目传情""顾盼神飞"之说。大诗人李白也有"卖眼抛春心"的诗句。生活的实际说明，人的心情总是不自觉地在自己复杂多变的眼神中流露出来。在作报告过程中，运用眼神来表情达意能够起到十分重要的作用。在成功的报告中，报告警察总是十分重视和善于运用眼神来"说话"表达出丰富而多变的思想情感。

眼神可以帮助罪犯理解报告的内容。当报告警察在台上表达自己的思想感情时，同时辅之以适当的眼神，信息量就增加了。例如，在讲到惋惜之处时，辅之以哀伤的眼神，而在讲到希望和憧憬时则以坚毅的目光注视罪犯，从而表达出对明天信心百倍。

有的研究者将眼神从眼睛的活动方法上进行分类，分为注视、虚视和流转等种类，来引导罪犯注意报告中的某一部分，与台下罪犯进行整体交流和控制全场的作用。这些方法需要报告警察在实践中不断体会练习，才能取得良好效果。

在眼神的运用过程中，要注意以下3点。

（1）眼神的变化要有一定目的，无必要的眼神变化就会造成罪犯的迷惑和反感。

（2）眼神要同报告的思想感情变化同步产生和终止，思想感情表达完毕，相应的眼神也要恢复正常，脱离思想内容的眼神会令罪犯觉得有形不达意的滑稽感。

（3）要和有声语言形式、手势、身体等密切配合协调动作，以求收到更好的效果。孤立的眼神会显得单调，不能有效地传神达意。

2. 手势

一般说来，运动的事物更能吸引人的注意力，而在报告过程中报告警察大多是采取坐姿出现在台上，因而唯一能进行大幅度运动的身体部位就只有手臂了。因此有效地运用手臂来增强报告的表现力，就成了报告能否成功的另一个重要影响因素。例如当年毛泽东在延安进行《抗战必胜之路》的报告中，讲到"前途是光明的，道路是曲折的"时，毛泽东沉静地向前方望着，举起右手掌慢慢地向前方推出，这一手势表现了一往无前的气魄，具有极为强烈的表现力和感染力。

报告中的手势从外形上看一般可分为3类。

（1）手指的形态。食指向上指天，表示引起注意或信誓旦旦，食指朝下指，可能表示"此时此地".手指向前可能指示某个方向也可能有指责之意。

（2）拳的形态。右手握拳上举，可以表示决心；左手握拳下击，则可能表示愤怒；左手握拳挥动可以表示鼓动；右手握拳向左下方挥动，可以表示抗议。

（3）掌的形态，有掌前推，表示劝戒、阻止某事；手掌向上举表示在较大范围的报告中向罪犯示意。小臂和手掌上举，大臂与地面平行则表示同意某人观点或向小范围的罪犯致意。

通过以上这些基本的手势的组合，在实际报告中可以做出千变万化的手势。另外，除了外形上手势有所不同之外，手势动作的频率和幅度也有不同的变化。一般说，激昂慷慨时，手势动作的幅度大；平静叙述时，手势动作幅度小；到高潮时，速度加快，动作频率也会加快。

做手势的总原则是服从报告内容的需要，恰当自如、和谐优美。在手势的运用上，要注意以下3点。

（1）手势要简洁明了，易于罪犯理解和接受。

（2）手势要适宜，与报告的内容要协调、合拍。

（3）手势不要单调，要变换。简单机械地重复某一手势会使罪犯厌烦。

3. 气质

心理学中所讲的气质是一种先天具有的，表现在心理活动动力方面的个性心理特征。也就是俗称的"秉性""脾气"等。而此处所说的气质则是指报告警察在报告中表现出的气度、风格。报告警察不同，报告中表现出的气质也不同。有的人畏畏缩缩；有的人慷慨大方。如果说眼神、手势等是报告的"形"，那么气质可以说是报告的"神"。报告的成败关键在于形神兼备、相得益彰。一个报告警察若不注重对自己气质的修养，那么永远不可能找到口才的真谛。而只能流于形式，人云亦云。

监狱人民警察代表着社会主义国家和政府，他们是人民利益的保护者，应该有"居天下之广居，立天下之正位，行天下之大道，富贵不能淫，贫贱不能移，威武不能屈"的修养。总的来讲，监狱人民警察的气质特点应该是威严、刚正。所谓威严就是威武、庄重，不可侵犯；所谓刚正者，即刚直不阿。这两方面是相互依存的，只有刚正才能威严，要做到威严必须刚正。

监狱人民警察的气质在报告中口才中是十分重要的。监狱人民警察的优良气质是获得其口语表达效果的前提条件之一。没有这一前提，在一定程度上就无法实现口语表达的目的。警察的气质与报告的内容又是相协调一致的。监狱人民警察报告口才的内容总是代表着正义、公正、无私的一面，所以警察的气质也应该是威严、正直的，否则就显得不协调、不得当，从而降低了报告的效果，甚至导致报告的失败。

（三）控制罪犯

在报告的三个基本要素之中，报告警察是主导者，而罪犯却是报告的主体，报告的内容必须有效地传递到罪犯的心里才算是成功的报告。监狱人民警察锻炼自己口才的目的，也就是为使罪犯更容易接受。从管理学的角度看，报告的过程实际上也就是报告警察以声音、手势、神态、情感等因素控制罪犯，使之把注意力集中到报告内容上的过程。一个成功的报告，就是报告警察成功地控制了罪犯心理的报告。相反，报告之所以失败，原因就在于对罪犯心理的失控。控制罪犯的基础首先是要了解罪犯。罪犯的年龄、职业、知识水平、经历等因素不同，他们对报告的内容、水平也有不同的要求。监狱人民警察必须根据这些因素的变化设计自己的报告内容和形式。例如给普通罪犯作报告和给顽危犯作报告在内容的选择和语言的使用上就应该有所不同。不同的历史时期，罪犯的关注焦点也会有所不同。监狱人民警察应学会抓热点话题，把这些素材灵活使用到报告之中，以增强报告的时代感。

控制罪犯的第二个方面是吸引罪犯的注意力。注意这种心理现象具有稳定性方面的品质，是指在一定范围内把注意保持在某事物或某活动上。成功的报告警察能有效地吸引罪犯的注意，使罪犯始终以他为中心。要做到这一点就要了解如何才能使罪犯的注意力保持在自己身上。我们有这样的经验，人们很难长时间注意一张白纸，却对一幅图画保持较长时间的注意。如果人们看一张彩色画片和一部电影，那么看电影比看图画能长久地保持稳定的注意。也就是说，丰富的活动对象比简单的、静止的对象更能使人保持注意。根据这一规律，监狱人民警察应注意在报告中多设一些"兴奋点"，并用丰富多变的手势增强对罪犯的控制。

控制罪犯的第三个方面是用自己的情绪感染罪犯的情绪，达到台上台下协同一致，产生共鸣。

（四）确定报告的时间和环境

报告的时间因素包括选定报告的时间早晚和报告持续的时间长短。如果报告警察选定了一个好的、合适的时间进行报告或许能达到事半功倍的效果；反之，将会直接影响报告的效果。选择报告时间时，一般要避开以下2个时间段。

1. 报告警察身心处于低潮时

例如下午，尤其是夏日的午后或经长途旅行之后，报告警察由于疲劳、思维混乱，不会收到很好效果。另外，也要避开所谓的"体内时间"。现代心理学、生理学认为傍晚4至6时是所谓的 Body

Time，意思是最没效率的时间。这段时间是人一天心理、生理上的低潮期。

2. 报告警察身体不适时

身体不适会使报告警察不能全身心投入报告之中，咽喉痛还会直接影响到发音。

报告时间的长短也要仔细考虑。报告过长易使人注意力分散，时间太短又显得仓促。一般在罪犯情绪达到高潮时结束报告，是恰到好处的。

报告的环境因素是指报告的地点，即报告的场景。一般说来，好的环境可以激发人们的愉悦的情绪，有利于消除人们的紧张情绪和身体疲劳；相反，环境杂乱、吵闹或过于华丽则会不利于报告的进行。《宣传心理学》一书作者纳奇拉什维里指出，要发挥宣传的最大效能，一是取决于宣传本身使人产生的情绪体验，二是宣传工作在其中进行的那个环境。有些房间、会场、建筑物，人们对它们怀有肯定的意向，它们对人们"威望很高"。在这种环境中，人们会较大地"打开心扉"接受影响。同样，也有一些场所，人们会产生一种焦急不安的感情，也就会对宣传影响"紧闭心灵"。一般讲，选择和布置一个报告的场地要有以下3点要求。

（1）会场大小要适中，通风要好，阳光和色彩要和谐。

（2）尽可能控制噪声。

（3）讲台不宜过分布置，台上最好不坐其他人。

技巧是报告口才成败的一个重要因素，而要想成为一个口才好的人，光了解和掌握口才的技巧还远远不够。可以说技巧只是口才的"末"，而文化素质和道德修养才是"本"。可以预见，一个知识水平低的人是不会出口成章、言之有物的。而一名监狱人民警察的报告是否能为罪犯接受，就要看他平时的所作所为是否公正、清廉。古人讲，诗的"功夫"在"诗"外，而口才的运用也要注意一些口才之"外"的东西。

第二节 政治思想教育报告口才评析

政治思想教育报告是我国监狱在对罪犯改造时常用的一种集体教育型式。监狱人民警察往往采取作报告的方式，结合社会和监管改造工作形势与任务的需要，针对罪犯群体思想意识存在的某些共性问题，开展教育工作，帮助罪犯认清改造前途，树立正确的改造观。

监狱人民警察作思想教育报告，是一项政治性技巧性很强的工作，它要求警察要有很强的思想性和针对性，要鲜明准确，说服力强；要有科学性、知识性，内容丰富，广开视野；要有生动性，具体形象；要有群众性、通俗性，深入浅出、易懂易记；要有感染性、鼓励性，调动情绪、振奋精神。相反，作政治思想教育报告切忌照本宣科、死板教条、空洞、说教、抽象难懂、长篇大论、繁杂散乱、使人昏然。

如何突出思想教育的教育效果，关键在于监狱人民警察要适时把握罪犯具体的思想动态，认真准备教育材料。把握教育报告所需的口语表达方法和技巧，实现对罪犯教育引导的目的。

一、政治思想教育报告口才的技巧

（一）要突出教育性

我国《监狱法》规定，"监狱对罪犯实行惩罚和改造相结合、教育和劳动相结合的原则。"社会主义国家的监狱是以治病救人为目的，既是监狱，又是工厂和学校。监狱人民警察在罪犯面前的一言一行都代表着人民政府对罪犯的态度，为了达到教育和改造罪犯的目的，监狱人民警察在作政治思想教育报告时一定要突出强调报告的教育意义和目的，通过增进罪犯对宪法和法律的了解、对形势的认识而达到利于改造的目的。

（二）要注意政治思想教育报告内容的方向性

政治思想教育报告是为教育人、挽救人服务的、而人的服务方向问题则是教育过程中的首要问题。方向不正确，报告作得再精彩也只能起负面的效应。坚持报告内容的方向性，就要求警察在作报告过程中坚持四项基本原则，坚持以政策和法律为判断是非的准绳，而不能信口开河，不讲原则。报告的教育性可以说是报告所要达到的最终目的，而方向性可以看作是达到教育目的的保证，两者是密切联系的。

（三）要考虑罪犯的接受能力

不同类型的罪犯对同一报告的理解程度、接受水平都会有所不同。毛泽东说过"射箭要看靶子，弹琴要看乐谱，写文章作演说倒可以不看读者，不看观众吗？""做宣传工作的人，对于自己的宣传对象没有调查，没有研究，没有分析，乱讲一通，是万万不行的。"政治思想教育报告口才的作用对象是各种类型的罪犯，他们中的大多数人不但缺乏基本的法律法规常识，甚至连必要的科学文化知识都不具备，其中文盲半文盲占很大比例、对于这样一个文化水平较低的群体，要想使报告的内容深入人心，甚至达到影响其思想和行为的目的，必须在作报告过程中以罪犯的心理接受能力为标准组织材料、选择语言。孔子讲，"中人之上可以语上，中人之下不可以语上。"这一原则对报告也同样适用。

（四）密切联系现实，切忌空谈大道理

按心理学的理论讲，理论或者思想被人所接受要遵循一条"先入为主"的原则，即2种思想先后影响一个人，先接受的思想在人的行为中起主导作用，而后一种思想影响则次之，甚至行为主体要对其存在可能会有抵触态度。罪犯的思想意识受个人主义、享乐主义、拜金主义等错误思想的影响极深，对于正面的法律、道德教育有明显的逆反心理。而且罪犯大部分对形式主义的思想政治说教充耳不闻，所以要想使报告达到满意的效果，就必须从罪犯的生产、生活实际出发，用事理、真情感化、劝导，使他们感到亲切、可信。相反，如果一味停留在表面，空谈政策和法律，只会产生负面的影响。

（五）宜讲不宜读

作报告一般事先要准备好书面发言稿，以做到心中有数。而监狱人民警察在作报告（尤其政治思想教育报告）时，最好以讲解的形

式，用口头语言把思想表达出来。否则，只是照本宣科便缺乏生动感，使人昏昏欲睡，影响收听效果。

二、评析

某监狱入监监区针对入监不久的犯人中存在的几种错误论调，开展了一次别开生面的报告教育。监狱人民警察考虑到他们之所以有诸如"关得太紧""劳动太苦""纪律太严""何时改判""没有前途"等错误思想，主要是对监管改造政策和环境还不熟悉。但监狱人民警察并没有直接对他们讲长篇的大道理，因为入监教育毕竟有个过程。监狱人民警察先用简短、通俗、形象的言辞敲击他们的思想，让他们在脑海里先有个"从头开始"的烙印，这样就会收到较好的教育效果。

同新入监犯人谈几个观点：

听说你们最近发些牢骚话（探问式语气），这也不能怪你们，毕竟刚来还不完全熟悉情况嘛！（语气平缓）但是，你们至少应该知道自己是什么角色和呆在什么地方，用我们改造机关的行话说，你们得一切从头开始（表情严肃，抬高语调）。

你们说，这里"关得太紧"，这要看怎么认识？（停顿，让罪犯思索片刻）

中国女排是驰名世界的强队，郎平教练无人不晓的。

但是，正是郎平教练对女排姑娘"关得太紧"，才取得那么多辉煌的成绩。她们的范围就是那四条端线，线内可以任你自由，越线便没有自由了。任何自由都是相对的，你有犯罪的"自由"，人民就有剥夺你犯罪的自由。从某些特定意义上去认识，对你们今天的"关得太紧"，倒是对你们追求明天真正自由的必要条件，没有今天的"太紧"，可能也就没有明天的自由了。(略)

你们说，这里"劳动太苦"，这不能一概而论。(停顿，让罪犯思索片刻)没有劳动，就没有世界；没有劳动，连人本身也不会存在了。无论是简单劳动还是复杂劳动，都是人的自身美德的表现之一。一个人劳动越多，他受到的赞扬就越多，这并非他个人有什么格外的了不起，重要的在于他通过劳动所创造的社会财富。当然，劳动并不是轻松的散步，它需要流汗，甚至流血。但为人民劳动，为社会主义劳动，或者说为改恶从善而劳动，无疑都是高尚的，甚至可以说是光荣的。把劳动视为负担，是一种缺乏劳动观的表现，没有劳动观就没有改造观。

你们说，这里"纪律太严"，这是对纪律的误解。(停顿，让罪犯思索片刻)没有纪律，是战士，就打不了胜仗；是工人，就生产不出合格的产品。那么，是犯人呢？就可能会使犯罪思想重新抬头。这不但国家和人民不允许，就连你们的亲人也不会允许，你们呢，就更不允许！

我们看到：大雁飞行讲纪律，羊群奔走讲纪律，一个

监狱怎么能不讲纪律呢！（反问，嘲讽的语调、语气）

你们说，"何时改判？"。这是一种消极的等待。（停顿，让罪犯思索片刻）

犯罪和改造是你们的事，判刑或改判是法律机关的事。现在，你们的任务是改造，就不必想改造以外的事。假如有改判的话，那也是有几种可能的。或者是重改轻；或者是轻改重，甚至有刑改免刑。但其原则却是实事求是。我们的政策是：决不冤枉一个好人，也决不放过一个坏人！（加重语气）

一些人消极等待，幻想有一天把自己放回家去，这是不可取的，因为幻想总归不是现实。正确的态度是：老老实实，接受改造，扎扎实实，重新做人。（加重语气）

你们说，"明天的前途是什么？"这是对前途的强烈呼唤！

对前途要发展地看，你们现在的起点是什么呢？（加重语气）应当自觉改造，为将来成为一个合格的公民打基础。你们过去那种所谓的前途的确没有了，但是到了监狱之后，正是开始你们新的前途。现在，在你们面前有两条道路：一条是改恶从善，前途光明，一条是抗拒改造，没有出路。你们应该选择第一条道路，用自己的实际行动，努力改恶从善，悔过自新，去争取光明的前途。（略）

以上我讲的内容，可以概括为一句话，就是要树立正确的自由观、纪律观、劳动观和积极改造观、前途观，如何把握这五个观点,对于你们今后如何改变自我,走向新生,是非常必要的!

【评析】

这个思想教育报告的主要特点是:短小精练,非长篇大论;口语化,非书面语言;通俗易懂,非抽象晦涩;观点鲜明,非主题不清;层次清晰,非繁杂散乱;生动形象,非呆板生硬。从而避免了一些思想教育报告常见的那种"喜长不喜短""喜读不喜讲""喜深不喜浅""喜书面语而不喜口语"等通病。

报告采用了渗透法,对树立正确的自由观、纪律观、劳动观、积极改造观和前途观,不是一味地讲大道理,而是通过通俗、形象的比喻,逐步渗透给罪犯,以渗透达到了灌输的目的。

报告并不是平铺直叙地一讲到底,而是分五个层次,分别予以设题发问,既体现了警察作报告的主导性,又起到了提醒罪犯思想的作用,这无疑使报告更具有吸引力,增强了报告的教育效果。

报告虽然批驳了罪犯中存在的几种错误论调,但警察并没有借助于尖刻、粗暴、讥讽等刺激性言辞,而是运用恰当、得体的言辞烘托出既严肃,又和谐的教育气氛。报告的语言表达有序、有节奏,提出问题时有停顿,阐明主要观点时加重语气,更容易被罪犯所接受。

第三节 动员报告口才评析

在监管改造实际工作中，监狱人民警察经常要发动罪犯积极参加某一专项活动，为了使罪犯能够积极响应号召，积极投入到活动当中去，监狱人民警察有必要在开展活动之前，对罪犯进行动员性讲话，譬如，改造活动动员讲话等，无论哪种形式的动员讲话、都具有内容的单一性、形式的强制性、任务的明确性、教育的鼓动性和时间的短暂性等特点。因此，如何把握动员讲话的一般性特点，这是监狱人民警察提高动员讲话效果的关键。

一、动员报告口才的要求

（一）充分把握好时间

动机是人们从事、参与某项活动的内部动力，动员报告就在于提高罪犯从事某项活动的动机。心理学研究表明，人活动都有一个最佳的动机水平，动机过强或过弱都会影响效率。

明白了这个道理，监狱人民警察在作报告之前首先要了解所从事活动的难易程度，根据工作的难易确定鼓舞士气的程度，尽量适时、适度。报告过长过短都收不到最佳效果。

（二）搞好调查研究

"没有调查研究就没有发言权""要想把动员报告作得深入人心、得到良好的效果，报告之前对要开展的活动进行深入细致的调查研究，要弄清楚活动的布置情况、难易程度、组织力量强弱，又要弄清楚罪犯的思想状态、改造表现和一些抗改典型的情况。只有搞好调查研究才能做到言之有据、言之有理。反之，若在不明白所开展活动的情况下就盲目动员，必然引起罪犯的反感，不仅起不到增强活动动机的作用，甚至会因此影响警察在罪犯心目中的威信。

（三）要深入剖析活动的意义和重要性

罪犯是消极性很强的个体，犯罪意识在一些人身上已经根深蒂固，因此，就多数罪犯来说，他们是不能自觉自愿地接受改造的，他们往往以各种方式进行逃避和抗拒。因此在动员报告中要充分剖析开展活动对罪犯个人改造及出狱之后成为守法公民的重要意义。要使之明了劳动、学习、改造对国家、集体、个人的好处，变"要我做"为"我要做"。

二、评析

某监狱开展学习《刑法修正案（八）》受到了罪犯的欢迎。为了更好地发挥《刑法修正案（八）》在教育改造中的作用，发动全体罪犯积极投入到改造中，主管改造工作的政委在全体犯人大会上，作了关于学习《刑法修正案（八）》问题的专题动员报告，他针对死缓犯在改造过程中容易丧失信心，指出了学习的重要性和迫切性，阐明了开展学习《刑法修正案（八）》活动的重要意义，并对如何开展活动提出了意见和要求。

  各位服刑人员：

  首先，我代表监狱领导向监区学习中的优秀学员，表示热烈的祝贺！（语调高昂，表情热情洋溢，并带头鼓掌）同时，衷心希望优秀学员，认真总结经验，发扬成绩，克服不足，不断进步。也希望广大学员要以他们为榜样，积极响应政府号召，刻苦努力，严格要求自己，在改造道路上不断取得新的改造成果。（语调稍缓，语调稍降）

  今天召开"伏法赎罪，树立改造信心"学习活动，其主要目的是让大家端正服刑态度，燃起继续改造的希望。目前《刑法修正案（八）》已经实施，其增加了对判处死缓罪犯的有关限制减刑和不得假释规定。在座的都是死缓服刑人员，今天希望这次学习活动能对你们的改造服刑有积极意义。

  首先刚才大家观看的是关于刑法修正案（八）的教育片，前几次在学习会上许多人都很认真，但是看过之后你们的表现却不怎么样啊。最近了解到你们当中有些服刑人员一点都不积极改造，有些不按时出工，这些都还是轻微的，更有甚者与别人口角、大打出手。你们这样丧失改造信心、自暴自弃的思想苗头和存在危险性行为是不对的。国家发布这个修正案的目的是让你们形成罪责意识和悔罪意识教育，让你们认识到犯罪行为给社会、他人及自己所带来的严重危害，形成伏法赎罪的心理。想想你们以前犯下的罪行，给受害人以及受害人家属造成了多大的伤害，对比20年或者25年不可怕，可怕的是丧失改造信心、自暴自弃和不计后果的乱来。你们在这里这样，你们家人会怎么想呢？怎么做呢？他们还是希望你们能认真遵守监规监纪，取得进步，能够在监狱里生活好，心情愉快啊。你们现在的表现不但不利于你们自己的改造，反而会让他们伤心，甚至丢脸。希望在座的服刑人员有这方面倾向的能够自我的反省，激发改造热情，坚定改造信心！（加重语气，放缓语速，抬高语调，并始终注视罪犯）

今天借这个学习活动，我强调一句话：失足未必千古恨，回头才会春满园。古人云，"一失足成千古恨"，我想对你们说的是"失足未必千古恨，回头才会春满园"。你们因违法犯罪行为给社会和他人的生命财产安全造成伤害，受到了法律的应有制裁，也给自己的家人亲属带来了严重的身心创伤。但是，党和政府、社会各界和家人亲属并没有嫌弃你们，不抛弃不放弃，对你们的未来仍然寄予厚望，希望你们迷途知返。我们司法行政部门怀有开放心态包容你们，不歧视不另眼看待，对你们的未来仍然关怀、关爱。20年或者25年的刑期不是给你们的刑期判了死期，你们的服刑生活不仅仅只有刑期的长短,也不是永无宁日,还有其他的啊。我们监区也有长刑期的,跟你们刑期差不多的也有,差不了几年吧,我看差距就在5、6年左右吧。看看别人,真诚悔改,弃旧图新,重新做人的愿望强烈。所以,希望你们"常怀感恩心,珍惜靠自己":

一是要正确认识自己,摆正位置,认罪伏法,彻底悔罪,改恶从善,切切实实告别昨天,认认真真把握今天,堂堂正正看好明天。

二是要通过劳动改造,脱胎换骨,用汗水洗刷过去肮脏的灵魂。

三是要把刑期当学期,既然无力改变外部条件就改变自己的内部条件嘛,努力学习文化、学法律、不断提高自身学法意识,增强自我保护的能力。

四是要深挖违法犯罪根源,重树生活信心,每一位服刑人员都要做到悉心改造知廉耻,励志修身成新人。(适度运用讥讽言辞,以触动罪犯的自尊心,语气庄重,刚柔相济)

希望在座的各位要加倍珍惜改造机会,用心构筑未来,把过去作为新的起点和加油站,在改造的道路上严格要求,继续奋进;希望还存有抵抗情绪的服刑人员,要加大人格重塑力度,自觉将自己的言行纳入法纪轨道,培养遵纪守法的良好品质,树立正确的改造目标,把握正确的改造方向。

人生短暂,你们要好好珍惜自己,珍惜所以与你们结缘的亲人、朋友，不要与自己过不去，更不要与过去计较，坦然面对现实，不要在某些事中死钻牛角尖，记住人的一生中其实只有三天——昨天、今天、明天。痛恨、告别昨天；珍惜、善待今天；憧憬、奋斗明天，做好过好三天的准备，大家都从今天起，决心彻底告别昨天，做好今天，迎接新的明天！（抬高声调，一字一顿，使出爆发力，最后以鼓掌结束讲话）

【评析】

这是一个比较典型的学习动员报告，报告的主题思想突出、目的明确、短小精悍。鼓动性与号召性强，层次结构也较清晰完整。

报告的开头部分言辞热烈。讲者热情洋溢，使报告一开始就有很强的感染力，活跃了全场气氛。动员报告的开头部分切忌板着面孔，言辞冗长、呆板，语调平直而无起伏变化，这样就达不到调动气氛，先声夺人的效果。

报告的第二段属于自然过渡。采用直言陈述法，内容简洁，语调柔和并适度拉长，讲得有条有理，继续保持罪犯听讲的振奋情绪，为下面展开的具体动员作好了铺垫。

报告的第三段是明确所要提出的问题。言简意赅，加重语气，报告警察目光直视罪犯，这样使得报告的话锋迅转，主题马上定位，并运用目光与全场罪犯交流，从而把全场的气氛由热烈迅速升位到庄重、严肃。

报告核心内容是一、二、三部分，内容层次呈递进的关系。在

第一部分，报告警察运用适度的讥讽言辞，讲到了罪犯消极改造的可悲性，触动了罪犯的自尊心，促进罪犯对学习动员产生了认同感。在第二部分，报告警察采用了直言激将法，这是动员报告惯用的方法，这种方法能调动动员对象的情绪，此部分是营造整场报告气氛的巅峰期。报告警察通过联系实际，讲述了开展学习活动的重大意义，运用激励的言辞，稍高的语调，把动员的气氛推向高潮。第三部分是提出要求。报告警察语气加重，语速放缓，表情严肃，突出说话掷地有声的效果，使罪犯对布置的任务在庄重、宁静的气氛中入耳入脑。

  报告的结尾处理也很好，再一次以激励的言辞，期望的目光，一句一顿的语速、响亮的掌声结束报告，从而为整个报告画上一个圆满的句号。

第四节 奖惩报告口才评析

根据斯金纳的操作性条件反射学说，当人的某种行为受到不断的正强化时，这种行为模式就会逐渐固定下来成为习惯；相反，一种行为经常受到负强化，则行为人就会逐渐放弃这种行为模式。这里所讲的正负强化，就包括我们平常所讲的奖励、表扬、惩罚、批评等。这两方面在激发人的行为动机方面都是必要的，然而它们的作用并不相同。一般说，正强化要比负强化效果好，而强化则比不强化效果好。依据这条理论，监狱人民警察在改造罪犯的过程中要对犯人符合要求的行为、言语予以奖励(包括口头表扬、记功等)，面对违反监规和生产纪律的行为给予坚决惩处。这样才能有利于罪犯逐渐放弃其固有的恶习，养成良好的行为习惯。奖惩报告是对罪犯群体进行行为强化的具体表现。

奖惩是监狱机关根据有关法律、法规，对罪犯在改造中的表现，按照党的"惩办与宽大相结合"和"区别对待"的政策，实事求是，严肃认真、准确及时地分别给予奖励与惩罚的制度。奖惩报告口才是监狱人民警察依据罪犯奖惩情况，充分运用专业知识，技能对罪犯宣传党的政策和国家法律，鼓励和告诫罪犯积极改造的口才活动。

一、奖惩报告口才的技巧

奖惩报告的作用在于通过树立先进典型，打击个别表现不良、影响恶劣者而带动或警戒其他罪犯，因而其内容一般首先要对奖惩对象的表现、影响处理结果进行通告，其次，要对其他罪犯提出要求和希望。

（一）要根据事实说话

与罪犯打交道重在以法律为准绳、以事实为依据。由于罪犯普遍存在对抗思想和反改造情绪，因而若不讲事实，对其妄下判语，很难令其心悦诚服。例如在罪犯管理中使用操行评定、生产评定、指标体系，将平时得失分累计计算，年终评比时得出积极分子、五好个人的人选，并以此作为减刑、假释的主要依据。在报告中若能以此种评定事实为依据，就会使罪犯体会到人民政府的公正性，从而安心改造。

（二）要有利于犯人的改造

"改造第一，生产第二"的原则是我国监狱工作的重要方针之一、它向我们明确昭示了罪犯的第一"任务"便是改造。监狱机关对罪犯的一切工作只有坚持了这一原则，才能保证改造罪犯工作的正确方向。

监狱人民警察的奖惩报告，其最终的目的也是为了调动起罪积极投入改造的热情，使其尽快认罪伏法，尽早改造成新人，走出高墙，早日为社会主义现代化建设贡献力量，这是监狱人民警察改造罪犯的重要原则和最终目标，一切不利或有悖于这一原则的做法和说教都不利于监狱机关的大目标的实现。

（三）以奖为主、以惩为辅

这里所指的奖和惩分别代表正强化和负强化，不单指某种奖励或惩罚措施。

对罪犯的改造我们已经积累起了很多经验，其中"给希望"是重要的一条。这条经验的意义在于使罪犯看到明天的美好，使之对未来生活充满信心，从而积极地配合警察的改造。在奖惩报告口才中贯彻这条经验，就要求监狱人民警察在运用奖惩手段过程中，注意以奖励、鼓励、表扬为主，以惩罚、批评、指责为辅，以使多数罪犯看到光明、充满信心。当然，以惩为辅并不是不用惩罚和批判这些武器，对一些行径恶劣、屡教不改的罪犯要坚决予以惩办，决不姑息。

（四）要适时、适度

对罪犯的奖励、惩罚要及时才能收到良好的效果。例如在开展了生产竞赛之后当场召开奖励报告会，对成绩突出的优秀分子进行奖励，就比拖了几天之后再奖励更能取得良好的激励效果。当一种不良行为的苗头刚刚出现时就立即给以否定性的批评，就可以防微杜渐，收到奇效。而一旦形成风气、养成不良习惯再给与惩戒就会积重难返，收效不甚明显。对罪犯的奖惩不但要把握良好时机，同时更要掌握好深浅程度。一般来讲，罪犯处在监狱的大墙之内，会产生强烈的自卑感，对罪犯的批评、指责或惩戒一旦越过其心理承受能力则很容易激化矛盾，引起意外事件（例如自杀、行凶、越狱等）的发生。轻者也可能使一些罪犯觉得从此永无翻身之日，因而破罐子破摔，从此沉沦下去。

（五）赏罚分明、不能含糊

上文已经论述过，对罪犯实行奖励，表扬或者惩罚，批评是加强对其改造、塑造新人的需要，只有鼓励先进、教育落后，才能充分发挥奖惩报告的作用。因此，监狱人民警察在做奖惩报告时，一定要爱憎分明、有赏有罚，不能采取你好我好大家好的老好人路线。

二、评析

某监狱在年底召开了本年度犯人奖惩大会，会上对犯罪的罪犯依法进行了宣判，有若干名罪犯获得了减刑、假释。主管改造工作的领导作了重要讲话，回顾了这一年的监管改造工作，指出了犯人中存在的问题，并提出了加速改造的希望与要求。

> 各位领导，各位来宾，全体警察和犯人：
> 今天，我们在这里又一次隆重地召开某年某月犯人减刑、假释奖励大会。我代表监狱党委和三百多名警察，两千多名犯人向光临大会的各位领导和各位来宾表示最热烈的欢迎，向光临大会的新闻工作者和曾给我们热情关怀和

大力支持的社会各界朋友，犯人家属表示诚挚的谢意，向那些即将得到政府依法记功、立功、减刑、假释和即将获得自由走向新生的学员，表示最衷心的祝贺。（加大音量，放缓语速，音调适中）

××监狱在市委、市政府、市政法委、市司法局和省监狱管理局的亲切关怀和正确领导下，在市中级人民法院、市检察院、地区检察院的大力支持、帮助下，监狱工作始终坚持以邓小平理论和党十九大精神为指导，以讲学习、讲政治、讲正气为龙头，以《监狱法》《刑法》为执法重要依据，以巩固和提高现代化文明监狱成果，以抓班子队伍建设为核心，突出班子火车头效应，强化警察内练素质、外树形象，注重提高执法水平，以抓监管改造工作为重点，突出叫响"安全第一、稳定至上"。强化措施防范，注重提高罪犯改造质量，以抓改革生产经营方式为突破口，突出招商引资，抑外扬内，强化"一人一岗一责制"制度的落实，注重实施基地拉动策略，提高生产经营指标；以抓日常行政管理为基础，突出工作的规范化、标准化，强化服务意识，注重提高综合管理水平。我们××监狱党委一班人，带领广大警察坚持树立政治意识，大局意识，责任意识，发扬"严字当头，求实进取"的监狱精神全力以赴，全方位，全天候地开展工作，实现"四无"，取得了突出的成绩。让我代表××监狱党委再一次向各位领导、兄弟单位、全体警察、罪犯家属同志们表示衷心地感谢。同时

也向自觉改造、从严改造、在监狱事业发展做出努力的全体学员表示衷心的感谢！现将年上半年监管改造工作报告如下：（停顿片刻）

党委重视，全员防范，把监管安全稳定工作当做重中之重的大事来抓；以讲政治的高度，确保监管安全稳定。

我们十分清醒地认识到，监管安全稳定是监狱事业振兴的根本保证，是头等大事，这一重中之重大事谁搞不好，都将是人民的罪人。所以，我们时刻把监管安全稳定印在脑里，永不淡忘；抓在手上，永不放松；落实在行动上，干出成效，不出纰漏。狱侦工作根据自身工作特点注重抓小、抓细、抓隐患、抓苗头，提高预防能力、强化侦破力度。抓好狱情调查案情清，做到心中有数狱情明。顽危犯布控措施得力、耳目灵通、信息畅通、破案及时、办案准确。无愧于监管改造工作的"侦察标兵"称誉。千里之堤溃之蚁穴，说明了小隐患大问题，证明了不抓小、不抓隐患、不抓预防、就会出大事，有后患。这不仅仅是对监管改造工作思维的突破，充分证实了在监狱党委的激励下，监管改造工作各司其职、各负其责、工作到位、发挥角色的重要作用和重大突破。（停顿片刻，中等语速、语气）

（内容略）

强化狱政管理，稳定监内秩序，确保监管安全，真正体现"德办与宽大相结合"和"给出路"的政策。(停顿片刻，以下为直言陈述，中等语速、语调）今年，我监的狱政管理工作紧紧围绕以"三防"为重点，以抓好犯人规范化管理为主线这一整体思路，重点抓了这样几项工作：

（1）依法接收新罪犯，狠抓了入监集训教育，号召犯人坦白交待余罪，检举揭发社会犯罪团伙，犯罪线索；

（2）结合"百日攻坚战"活动，打击监内违法违纪行为，进一步稳定监内改造秩序。首先，整顿了犯人杂工组长队伍，对于有打骂体罚他犯，勒索他犯钱物和不负责任的杂工组长，该撤换的撤换，该处理的处理。在整顿杂工的同时，狠狠打击监内喝酒、赌博、打架斗殴、私藏现金等违法违纪现象。对于存在上述问题、影响较坏的15名罪犯关押禁闭并扣罚有效奖励分；对触犯法律，构成犯罪的案件，依照法定程序，及时上报有关部门依法处理。目前，监内秩序明显好转，监内违纪率比上年同期减少了8%。

（3）在执法环节上严肃认真，依法办事。我监自始至终把对罪犯减刑、假释、保外就医、准假和罪犯加刑等项工作，坚持做到基层单位提出书面意见，狱政科审核后提交党委批准。目前，我监在这些执法环节上没有出现任何问题。犯人普遍感觉到在这里改造，有希望，有奔头。（停顿片刻）截止到目前，我监犯人今年被奖励有效分的共××名，被记功奖励的××名，被减刑、假释的××名。在此，我代表全监警察向取得改造成绩的犯人们表示衷心的祝贺！（加重语气，放缓语速，抬升语调，并带头鼓掌）

一、在总结监管改造工作时，我们十分清醒地认识到

（1）成绩和经验都是相对的，谁墨守成规、谁以不变自居、谁就被时代而淘汰，所以我们需要的是在成绩的基础上树立创新意识，更加努力工作。同时，随着形势的发展和党对监狱工作以及法律赋予监狱工作新的要求，将站在新的高度扬弃过去的成绩，向新的更大的成绩努力。

（2）正视现实、认清形势克服在监管改造工作中存在的各种差距尤为重要。首先对监管改造工作的重要性的认识在警察队伍中参差不齐，那种说起来重要，做起来忘掉、动了感情就不要的情况并不是见不到。在这个问题上各级领导干部必须保持清醒的政治头脑、以身作则、决不含糊、决不动摇。其次，在监管改造工作的持续发展中还存在不平衡的状态，工作相对存在着监狱领导重视、中层忽视、基层轻视的客观反映。工作缺乏雷厉风行，职责落实不到位。其次，部分警察对监管改造工作的职责、任务缺乏应有的素质，工作不适应、教育不得力。应该认识到我们的监管干部不是保管员、不是守门员、更不是更夫。要主动学会监管、善于监管、勇于监管、主动监管、绝不可放松对自己的严要求、履行的职责。

（3）要珍惜和维护来之不易的监管工作的安全与稳定的形势和工作局面。保持、廉洁，珍惜监狱人民警察的荣誉和形象，自觉的抵制和克服不良倾向和消极因素的影响，按照监狱党委提出的"内练素质，外塑形象"的要求，努力培养两个能力，即分析问题和解决问题的能力。不断适应和提高在社会主义市场经济条件下履行监管改、造工作职责的能力。

在总结工作之时，我们深切感受到多年来，省监狱管理局、省司法厅、××市政府、市司法局、新闻界以及各界、各级组织、各级领导对我们工作的关怀。同志们、朋友们对我们工作的支持是我们取得监管改造工作成绩的坚强后盾。这里也有犯人亲属、家属积极配合协助教育、促进改造所做出的成绩。在监管改造工作最关键、最需要的时刻，驻监武警部队官兵对我们的工作给予了极大的支持和配合，促进了监管安全与稳定，促进监管改造工作的顺利进行。所有这一切都将在××监狱的监管改造工作史上增添光彩的一页。让我们记住荣誉、不忘艰辛、争取更大的成绩。

二、犯人中存在的问题（加重语气，抬高声调，目光与全场交流）

（1）部分犯人改造态度不端正，改造目的不明确。在遵守制度，三课教育、劳动生产、日常行为中马虎应付，随心所欲，有的甚至忘乎所以，不尊重领导，不服从管教。这些都是不接受改造的表现，也是缺乏罪犯身份意识和服刑意识的表现。如有的犯人过不了劳动观，逃避劳动，装疯卖傻、小病大养、无病呻吟；有的犯人无视监规纪律，喝酒、打架斗殴、赌博、私藏现金、违禁品；有的杂工班组长不能正确履行职责，当面一套，背后一套，欺骗政府、欺压同犯，搞牢头狱霸、打骂体罚他犯，勒索他犯财物。(语

音短促、语气加重、音调抬高、目光逼视罪犯)

（2）极少数犯人服刑期间，不思悔改，一意孤行，触犯了法律，构成了又犯罪。如今天被宣布加刑的王××、贾××、袁××、潘××和王××就是一个典型的反面教材。王××等罪犯在监管改造期间，本应珍惜政府为他们创造的环境和条件，积极改造，重新做人。然而，他们却蔑视法律，抗拒改造，再次滑进了犯罪的泥潭，我国《监狱法》第五十九条规定："罪犯在服刑期间故意犯罪的，依法从重处罚。"王××等被加刑一案说明，对抗法律，抗拒改造，是绝无出路的。一切危害监管秩序，破坏监管安全的犯罪行为，都要受到法律的严厉制裁。我们今天在这里召开的是犯人奖励和惩罚大会，通过这一奖一惩，目的是让每一名犯人都能从中吸取教训，引以为戒。我在这里警告那些抱有幻想的，实施或正在预谋犯罪的罪犯，你们不要再执迷不悟，该到迷途知返，悬崖勒马的时候了。法网恢恢，疏而不漏，犯罪只能得逞于一时，但却永远逃脱不了人警察察和广大群众布下的天罗地网。谁若是胆敢以身试法，必将受到法律的严厉制裁。(语音短促，语气加重，音调抬高，目光逼视罪犯)

三、几点希望

（1）牢记罪犯身份，端正改造态度。

目前，有些犯人之所以松松垮垮，懒懒散散，不像个犯人的样子，原因就在于自身的身份意识、服刑意识和改造意识差，缺乏改造自觉性。每个犯人都要充分认识到我国监狱的法律地位，明确狱政管理的严肃与不可侵犯。你们都是犯了罪的人，犯了罪就要受到法律的制裁，服刑改造就要接受管理，使自己的言行举止符合犯人的身份，适应改造的要求，而不能随心所欲，任意胡来。要使自己的一言一行符合政府提出的要求，老老实实地接受改造，争取早日成为新人。

（2）遵守监规纪律，维护监管秩序。

俗话说，没有规矩，不成方圆。在对罪犯实施惩罚和改造过程中，国家根据党的改造政策，先后制定了一系列监规纪律，以此约束和引导罪犯的行为，每名罪犯要充分认识到加强监规纪律的重要性，要做到服从管理，注意检点和加强自我控制。另外，罪犯要增强监督意识。首先，每名罪犯必须无条件地服从监狱人民警察管理，接受监狱人民警察监督。同时罪犯还要以积极的态度相互监督，以监规纪律的规定为依据，同各种反改造和破坏、违反监规纪律的行为作斗争。

（3）正确看待奖励，争取光明前途。

这次大会，一大批犯人受到了减刑奖励，这是可喜可贺的，说明你们在政府干部的教育下，在改造上又有了长足的进步。但成绩只能代表过去，今后你们还有更艰巨的改造任务，而且，此次即使受到减刑奖励，也不能说明自己的改造十全十美。所以，切不可沾沾自喜，裹足不前。

另外，没有得到减刑奖励的犯人也不要气馁，只要你们坚定信念，鼓足干劲，相信在下次的减刑奖励名单上会看到你们的名字。

全体犯人，通过今天的奖惩大会，你们应该进一步认清形势，明确改造方向，在悔过自新，奔向新生的道路上取得更大的进步！（鼓掌）

【评析】

这是一个非常典型的年度奖惩报告。整个报告的内容结构严谨，表达的全过程充满着庄重、严肃的情感，鞭策性、警戒性和震慑性很强，达到了扬善抑恶的教育目的。在言辞运用方面，口语化很强，且以短句为主，言辞犀利而非尖刻，这样的言辞表达起来直截了当、力度感强。特别是讲到犯人中存在的问题和提出希望时，精炼的语句，更具表达的力度。另外，报告的言辞规范、准确，合乎政策性、法律性，干净利落，无模棱两可的表述。

在语气、语速、音调运用上，该报告也很有特色。开头语部分，加重语气，放缓语速、抬高音调，以起到报告开始时的先声夺人的效果。在回顾过去工作这一部分，以语气、语速、语调平缓适中为主，层次、段落间有片刻停顿，以突出报告内容的节奏感。在讲到犯人存在问题和提出几点希望这一部分，以语音短促，语气加重、音调抬高为主，以突出表达的铿锵力度。这一部分是奖惩报告的核心部分，采用上述语气、语速、音调，可获得较好的报告效果。

在表情运用上，自始至终以庄重、严肃为主，目光的扫视与逼视交替运用。头部挺直而扫视迅速,意在调控罪犯的听讲情绪,并非晃动头部、环顾左右;讲问题、讲希望时,用逼视的目光,以示报告警察具有洞察罪犯心扉的力量,可起到强化报告慑服罪犯的效果。

第五章

监狱人民警察讲评教育口才

第一节 监狱人民警察讲评教育口才概述

一、监狱人民警察讲评教育口才的分类

监狱人民警察讲评教育口才是指以监区、分监区或罪犯小组为单位,由主管警察就当天或某一时间段或某项改造活动中罪犯的具体表现等情况进行讲评,肯定成绩,指出缺点,提出要求的口语表达方法。是教育罪犯的一种常见形式。它在改造过程中起着承上启下的作用,即通过对上一阶段罪犯改造情况的总结和概括,警察及时纠正罪犯改造中错误,妥当处理各种违规违纪问题,使得罪犯能认真反思存在的问题,明确今后的努力方向,对下一阶段改造起着重要作用。罪犯教育过程中,由于讲评的专题、讲评的时间、讲评的形式不同可以分为不同的类型,常见的有3种类型。

(一)思想教育讲评、劳动讲评、学习讲评和活动讲评

监狱人民警察讲评教育根据教育专题的不同,可以分为思想教育讲评、劳动讲评、学习讲评和活动讲评。

这4种讲评都是围绕罪犯在监区、分监区或罪犯小组开展的思

想教育、劳动生产、文化技术学习、生活卫生、文娱体育、遵守监规等专题进行的讲评。讲评的内容应根据思想教育、劳动生产、文化技术学习、生活卫生、文娱体育、遵守监规等专题的不同情况，给予恰当的评价。表扬和鼓励在专题性活动中表现突出的罪犯，批评和教育活动中出现的不良现象和行为，教育引导罪犯，促进罪犯改造。

（二）日讲评、周讲评和月讲评

罪犯教育过程中根据时间的规定不同，队前将讲评教育可以分为日讲评、周讲评和月讲评。

日讲评是监狱日常工作的一项重要内容，主要由当天值班警察针对本监区、分监区、小组罪犯改造情况，包括思想动态、行为表现以及日常生活劳动和学习等各种情况进行通报小结，同时，布置次日的生产和学习任务和应当注意的事项。一般在出工、收工前后，或在学习讨论前后进行。要以正面教育为主，鼓励为主，抓住主要问题，突出中心，言简意赅。

周讲评主要由分监区领导组织参与，针对一周来分监区罪犯思想、行为、生活、劳动和学习等各方面情况进行小结，通报。查找分监区罪犯改造中存在的问题和产生原因，对各种违规违纪行做出妥当的处理；及时对改造表现积极的思想行为给予肯定，对表现突出的罪犯进行适当的奖励。

月讲评要由监区领导组织参与，通报监区一个月来罪犯改造情况，分析罪犯的思想动态、行为表现，生产劳动的进展和完成情况，对罪犯改造中存在的问题提出改进意见和措施，对罪犯改造过程中出现的先进事迹，先进个人进行通报表扬。

（三）会议讲评、现场讲评

监狱人民警察讲评教育根据其讲评形式的不同可以分为会议讲评、现场讲评。

会议讲评主要是指把全体或部分罪犯集合在一起，就改造中罪犯的思想教育、生产劳动、文化技术学习以及各种活动的情况，由专人进行讲解和评述。这种类型的讲评教育是事先有计划，地点一般在专用场所或其他适合讲评的地方。讲评内容涉及罪犯改造诸方面，时间较长。

现场讲评主要是指为解决罪犯在改造、劳动、生活等现场中产生的问题，多数运用队列形式，进行教导和告诫的一种讲评。如出工收工劳动前后的讲评。这种讲评多为解决罪犯改造现场产生的突发性、临时性问题而进行的。形式要从简、时间要从短，阐述明确，语言简练，逻辑性强、富有说服力。

笔者将在后面的章节从队前讲评教育的三大类中，分别选取一种展开分析。

二、监狱人民警察讲评教育口才的准备工作

监狱人民警察讲评教育口才看似只是简单的语言表达，但是有规范的流程，理顺队前讲评工作流程，有利于开展队前讲评工作。尤其对于缺少教育罪犯工作经验的新警察而言，按照队前讲评流程

操作，可以规范队前讲评工作，发挥队前讲评的功能与实效，使监狱人民警察在教育改造罪犯时少走弯路。

（一）确定主题

主题是讲评稿的灵魂，是组织材料使之成为有机整体的核心，是决定讲评思想强弱、社会意义大小的主要因素。内容的取合，论证的方式，艺术的运用，均由主题来决定。主题的选择要正确、要新颖、要鲜明、要集中、要深刻，要选择现实生活中人们急切关心的重大问题。山雨欲来风满楼，只有回答迫切解决的社会问题，罪犯才会有浓厚的兴趣。要选择自己有真知灼见、洞若观火的主题，使罪犯有石破天惊之感。只有思风发于胸臆，才能言泉流于唇齿。

讲评的主题是队前讲评的中心思想。讲评的主题来源于罪犯教育改造具体表现及实际需要，队前讲评的主题应具备思想性、教育性、突出性和深刻性。

（二）拟定提纲

编写讲评提纲有助于教育者理清思路，突出重点，避免文不符题，主次不清，层次紊乱。讲评教育提纲的撰写就是组织材料，在确定中心后，把要讲评的内容用简明的文字拟出一个一体计划。提纲要简明准确，切实具体。它的基本格式一般包括：讲评的主题、讲评顺序、讲评的主要内容、讲评最后的结束语。讲评教育提纲的撰写可繁可简，最简单的提纲只有几十个字，只用一张纸片就能写下；有的讲评提纲长达几百个字。可以根据每一个讲评者的实际情况、习惯爱好因人而异。

讲评前撰写提纲或打腹稿主要是给讲评定出一个大致框架或主要观点，有利于警察理清思路，进行"预演"。讲评稿的撰写有利于缓解讲评人在讲评时紧张、忘词的现象，又可以合理分配时间、把握详略，使队前讲评富有逻辑性。这对于新警察而言十分有必要。

（三）撰写讲话稿

把准备在讲评教育时说的话事先写下来，不仅可以缓解讲评人在讲评时紧张、局促不安的心理，能较好地把握和支配时间，把所讲的内容从容不迫地讲出来，避免丢三落四或虎头蛇尾；而且可以确保讲评教育的内容正确、讲评教育的过程完整，使讲评教育富有逻辑性，把教育罪犯的思想表达得更加精确和完美。对罪犯的讲评教育讲话稿，可以根据不同的内容、对象和要求，灵活安排其结构。但是，一般都离不开标题、正文和结尾。

1. 标题

即讲话稿的题目，是讲话稿的有机组成部分，不少讲话稿的标题就是讲评教育的主题。恰当的标题可以对讲评教育起到画龙点睛的作用。讲评教育讲话稿的标题有直接标明主题，指出内容范围，设问、反问、感叹以显示主题倾向，提出问题，引起深思等形式。

2. 正文

讲话稿的正文包括开头和主体两大部分。开头要简明扼要，点到即可。常见的方法有叙述式、设问式、比喻式和评议式等。主体是讲话稿的核心，讲评教育效果好坏的决定性部分。讲话稿的结构有两种：一是并列式，就是把要讲的问题分成几个问题以并列的方式展开，集中阐明讲话的中心论点，其先后次序不那么固定。二是递进式，就是围绕着讲话稿的中心问题，各部分层层递进，每一部分也不可缺少，前后顺序也不能颠倒。当然，在一篇讲话稿中，两种方法可以互相交叉，即以一种方法为主，在某一部分即层次中用另一种方法。

3. 结尾

讲话稿的最后部分，它可以通过对讲评过程的总结，对罪犯提出要求的形式，使罪犯对讲评教育形成一个清晰、完整、深刻的印象，也可用抒情、感染的语句形式作为讲评的结束语，引起罪犯的情感共鸣，把讲评推向高潮；还可以用赠予名言的形式，给罪犯以启迪而达到教育目的。

（四）整队集合

警察站位正确，姿态端正，精神振作，动作准确；警察亲自整队，清点监组人数；观察监组罪犯情绪、精神面貌；口令下达准确、清楚、洪亮。

（五）警察讲评

这是监狱人民警察讲评教育口才最重要的环节，要注意语言规范及语言技巧和非语言技巧的使用。可参考2010年4月司法部印发的《监狱劳教人民警察执法工作规范用语》，做到语言文明、表达准确、语气与当时情景相称，符合监狱劳教人民警察公正、廉洁执法的要求。

1. 生活现场规范用语

现在，清点人数。准备进入（食堂、教室、劳动区），在此期间，保持安静，动作迅速，不得交头接耳、随意走动，若有问题举手示意。

2. 学习现场规范用语

今天，进行××职业技能考试。在考试中，不得喧哗、交谈、遵守考试规定。若有违纪行为，将按不合格处理。

3. 劳动现场规范用语

今天，劳动项目是……劳动任务是……在劳动中，要注意安全，严格按照安全操作规程进行生产劳动。遵规守纪，服从管理，听从指挥，按时按质按量完成劳动任务。遇事报告，不得擅自行动。

在工作实践中，以下话语应忌用：不利于控制事态的话，带有歧视性、侮辱性的称谓或外号，容易造成情绪抵触、心理逆反的话，以及造成人格损伤的语言等。

（六）警察根据讲评主题，适时安排罪犯发言

例如：以批评警示为主题的讲评，可让相关罪犯开展自我批评并提出改进措施；以鼓励为主题的讲评，可让罪犯提改进措施、表决心。

（七）跟踪落实

监狱人民警察讲评教育往往会提出罪犯存在的问题，要求进行整改和落实。这就需要警察在讲评结束后，及时跟进，了解犯群整改和落实情况，以便后续的教育和管理。

三、监狱人民警察讲评教育口才的技巧

（一）语言文明时尚，融入现代语言元素

讲话从字面上简单的理解为说话、发言，多数情况是用语言这一人类所特有的工具来表达意思、交流思想，是一种特殊的社会现象。语言是语音、词汇和语法构成的一定的系统，所以在现代社会人们常说："是人才不一定有口才，但有口才一定是人才。"队前讲评是直接、生动、有效的教育手段，需要富有魅力的口才引导罪犯思想上的主动参与，否则，即使讲评理念先进、内容丰富、但是失去了教育主体与教育客体之间的互动，讲评警察"江河直下"般的连续长时间讲解，教育过程中罪犯内心沉默，教育表象上完成了规定的次数与内容，实质无教育效果。成功的队前讲评应该是语言的文明时尚，融入现代语言元素，引导罪犯进行思考。古人说："赠人与言，重于珠玉"，俗语道"好话一句三冬暖，恶语伤人六月寒"，充分说明了人与人在思想沟通中语言文明的重要性，并上升到具有哲理的高度。在队前集中教育讲话中警察要注意语言的文明，绝不可带脏话、带口头语，否极易产生对立情绪。近年来，因监狱人民警察不文明语言引起罪犯的对立行为屡见不鲜，这是队前集中教育讲话中必须注意的问题。而且，监区文化建设核心内容之一是把中华民族经典文化、优秀文化传统与民族精神、时代精神结合起来在监狱内传播。北师大教授于丹讲授《〈论语〉心得》《〈庄子〉心得》；复旦大学教授钱文忠讲授《三字经》，共同特征就是语言文明时尚。

教授们讲授经典文化体现了古话今说、生动幽默、融入现代语言元素，在社会各个阶层、在各种文化层次之间引起共鸣，实现了雅俗共享。这是队前讲评必须引进的方法。俗话说："言为心声"，语言表达在一定程度上表现出人的内在文化素质、文化底蕴。讲评中，语言经过大脑的思考由"言之无序"走向"言之有序"，才能引导罪犯进行思考。监狱人民警察用简单易懂的语言来表述概念和讲道理，能很快达到预期教育效果。这是队前讲话必须注意的技巧。

同时，语言文明时尚、生动活泼，可综合运用语言技巧，增强队前讲评声情并茂的效果，借助声调抑扬顿挫增强讲话的感染力和震慑力。

（二）注重情理结合

监狱人民警察讲评教育不仅是为了及时总结生活、生产、教育等改造现场罪犯的情况，更是为了通过对罪犯改造思想、行为的评价，使他们能够深入思考，提高认识，明确改造的方向，积极改造。因此，讲评者经常需要摆事实、讲道理，需要去说服罪犯，达到教育的目的。说理不是一般地传播与交流信息，而是要以正确的道理，良好的意图和真挚的情意来转变罪犯的思想认识，向教育目标靠近。

要善于摆事实，讲道理，以理服人。讲评时，讲评者要有条不紊地阐述事件的理论依据，这些理论是罪犯理解了的理论。说理时哪些先讲，哪些后讲，哪些重点讲，哪些反复讲，前因后果，来龙去脉，要交待得清清楚楚；要大量举出发生在罪犯周围的真人真事来证明要说的道理，使罪犯的错误认知解体。只有打破罪犯原有的认知结果，才能重新组建。注意说理不是支配，不是命令训斥，而是平等交流。只有平等待人，尊重罪犯，才能情理相容。

要坚持以情感人，说服别人，先要通情，方能达理。说服的方法尽管有好多种，但一切方法都是为了一个目标—通情。通情就是感情上的沟通，也就是心理相容。因此，讲评时话语要坦率，推心置腹，以真换真，以诚对诚。要讲出真情实感，不掩饰、不回避，对真、善、美热情讴歌，对假、丑、恶多无情鞭笞。浓浓的情感溢于言表，使罪犯闻其声、知其言、见其心，达到情感上融合，思想上共鸣，认识上一致。

（三）表达的语言的艺术

1. 戒除口头禅

要使讲评教育的表达引起罪犯的注意，求得罪犯的共鸣。最要紧的是语言字字闪光，句句有力，既不能像机关枪，扫射得罪犯头冒金星，丈二金刚摸不到头，也不能语言拖沓，表达紊乱，口头语充斥全篇。讲评中常见的口头禅主要有"好像""也许""说不定""这个""那个""那么""是""不是""对不对""嗯""啊""好吗""行吗""就是说""后来呢"，等等。这些口头禅会削弱表达的效果，影响罪犯的情绪。口头禅会使个别语句反复出现，破坏语言结构，使语言断断续续，前后不连贯，每一次口头禅的出现，等于一次切割，把整个语言过程切得支离破碎，给人以断续，离散之感。口头禅是一种相似的模式，令听众觉得平淡、枯燥。有人把口头禅比喻为"语言的肿瘤"是有道理的。因此，讲评教育中一定要戒除口头禅。

2. 语言精练、准确

讲评教育过程中用简洁的语言表达丰富的内容，附加词尽量少用。用最贴切的语言表达讲评的内容，不能含糊不清，似是而非。周恩来总理在1954年做过的一次精彩演讲，打动了许多人的心。让我们回顾一下："我们认为，美国的这些侵略行为应该被制止，亚洲和平应该得到保证。亚洲各国的独立和主权应该得到尊重，亚洲人民的民族权利应该得到保障，对亚洲各国内政的干涉应该停止，在亚洲各国的外国军事基地应该撤除，住在亚洲各国的外国军队应该撤退，日本军国主义的复活应该防止，一切经济封锁和限制应该取消。"这段话用了三组意义相近的词：(1)"制止、停止、防止"。侵略行为用"制止"；对内政的干涉用"停止"；军国主义的复活用"防止"。(2)"保证、尊重、保障"。和平说"保证"；主权和独立说"尊重"；权利和自由说"保障"。(3)"撤除、撤退 取消"。军事基地配"撤除"；军队配"撤退"；经济封锁配"取消"。讲话用词量丰富，词义分辨处理细致，切实有力地表达了中国政府和人民的严正立场。只有具备深厚的文字功力，才能有如此震撼人心的、精练的、准确的语言表达能力。

3. 语言清晰、流畅

讲普通话，发音准确，是开展队前讲评的最基本要求。音不准，则语义不明，会使罪犯听不懂或发生误会；方言土语、吐字不清、措词含混、使人糊涂；声音洪亮、悦耳，使人听的舒服；语音准确清晰，使人听的明白。讲评者口头语言应流利畅达，使人听的轻松。当然，流畅不等于越快越好，语速过快，话说得上气不接下气，使听者透不过气来。交替变换的语速，令人兴奋；沉稳缓慢的语速，使人有深沉、庄重的感觉。

4. 语言生动、形象

形象的语言文字对神经系统有信号刺激。如"望梅止渴"的故事，一提及青梅，人们就会立即想到果酸味，嘴里便会生出口水。越具体形象越容易真切感知，所以讲评教育语言应该生动形象，使罪犯易于和乐于感知领会。讲评过程中一个新鲜而贴切的比喻可以使抽象的概念形象化，深奥的道理浅显化，复杂的事物明朗化，如给罪犯讲两种不同的人生哲理时，用一串葡萄到手，一种人总是挑最好的先吃，另一种人则把最好的留在最后吃。照例第一种人应该乐观，因为他每吃一颗都是吃剩下的葡萄里最好的；第二种人应该悲观，因为他每吃一颗都是吃剩的葡萄里最坏的。不过事实上恰恰相反，原因是第二种人还有希望，而第一种人只有回忆。如此一说，抽象的人生哲理就变得简明而生动。当然语言生动形象还要经常使用歇后语、俏皮语等。如讲罪犯活动秩序混乱："简直是先穿鞋子后穿袜子———乱套。"俗语、谚语、俚语、歇后语等语言形式，既富有口语的特点，又能一针见血、生动形象地说明问题。

5. 身体语言的运用

（1）姿态端庄大方

讲评者在队前讲评时身体姿态主要有站着和坐着两种。站着讲评时，要站直站稳，不能耸肩屈背，东倚西靠；坐着讲评时，要端正、自然、大方。同时，站在或坐在讲话的位置上，要让每个罪犯都能看得见你的表情，听得见你的声音，使他们感到你是在和他们讲话。

（2）表情亲切、坦诚

罗曼·罗兰说过："面部的表情是多少世纪培养成的语言，是比嘴里讲的复杂到千百倍的语言。"讲评时，讲评者的面部表情应该亲切、坦诚，而不应该摆出一副盛气凌人的嘴脸，也不应该显出自负矜持的面孔，那样就会从心理上把罪犯拒之千里之外。此外，表情还应该是落落大方、自然得体、由衷而发的，而不应该是矫揉造作、生硬僵滞的。

（3）心理镇定、放松

心理要镇定，尤其是刚上岗的警察，难免紧张，这种紧张情绪大多数人都会有，而且是一种正常的反应。但这种压力如果太强大，得不到缓解，势必影响队前讲评的效果。可以借助松弛法放松，如可以不断地告诉自己"放松，放松，或者活动活动身子，以释放因紧张而剧增的多余能量；或者深深吸气，再均匀而缓慢地吐出。

（4）目光调控自如

意大利著名艺术家达·芬奇有一句名言："眼睛是心灵的窗户。"讲评教育是同众多的罪犯谈话，讲评者的眼神的变化要与讲评目的、内容一致，如热情诚恳的目光，亲切；平静坦诚的目光，稳重；闪烁俏皮的目光，幽默；冷淡虚伪的目光，不悦等。一个有经验的讲评者总是恰当而巧妙地运用眼神的变化来影响和感染罪犯，加强教育效果。一般情况下，讲评者的视线要保持平直向前流转，统摄全体罪犯，可以有节奏或周期性地把视线从听讲的罪犯群体的左方扫到右方，再从右方扫到左方，从前排扫到后排，再从后排扫到前排，不断地观察罪犯，与罪犯保持眼睛接触，观察他们的情绪和变化。

对讲评时发现不安静或不注意听讲的罪犯可以重点观察，罪犯发现了讲评者的目光，就会触目知错，停止骚动、私语。当然，对于心理紧张的讲评者，还可以采用虚视法，即讲评者的眼睛好像看着什么地方，什么人，但实际上什么也没看。

（5）手势大方得体

手是人的第二副面孔，平常我们频繁地使用手势，传达多种信息。人们常常以拍桌捶腿表示"高兴"频频捶胸表示"悲痛"不停地搓手是"为难"的表现；拍拍脑门是"悔恨"的意思等等。这些手势主要是增强表情达意的情感色彩，使语言更富有感染力。讲评时讲评者的手势运用要大方得体，不可做作，还要控制不良的习惯动作。

第二节 思想教育讲评口才评析

一、思想教育讲评口才的理解

罪犯思想教育口才是指为了解决罪犯的思想问题，提高罪犯的思想认识水平，消除罪犯错误的犯罪思想和不良的世界观、人生观、价值观等内容而开展的系统影响活动的口语表达方法。

罪犯思想教育是罪犯教育的实质和核心。监狱是国家的刑罚执行机关，是对罪犯进行有效惩罚与改造的机关。监狱如何履行改造的职能？怎样实现对罪犯的有效改造？改造罪犯到底要教育改造什么？罪犯怎样才能算是改造好了？这一系列的问题，既是监狱理论界的重大理论问题，又是罪犯教育理论和实践中的重大现实问题。监狱只有把对罪犯的思想改造、思想教育放到十分重要的地位，作为监狱教育的重中之重，才能真正实现监狱的改造职能，才能达到和实现监狱惩罚改造罪犯、预防和减少犯罪的根本目的。监狱只有始终对罪犯的思想改造和思想教育，并加以深化和与时俱进，赋予时代内涵，汲取时代精华，才能真正实现对罪犯的有效改造。监狱在改造罪犯工作中到底要改造什么？就是要改造导致罪犯走上犯罪道路的根源————犯罪思想。只有把罪犯的犯罪思想(犯罪心理是犯罪思想的低级形式)进行矫正，使之瓦解和消除，并代之以正确的与社会和谐统一的新观念，罪犯才能真正转变犯罪立场，消除犯罪思想，成为一个与旧我彻底决裂的社会新人。

而改造罪犯的思想还是应该从转化罪犯错误的世界观、人生观和价值观入手，这才是罪犯思想教育的实质和核心。

人生观、价值观和世界观是三个既有区别又有联系的概念。从区别来看，人生观、价值观和世界观各有自己独特的内容。因而不能把它们绝对等同起来。从联系来看，人生观、价值观的关系非常密切。人生观、价值观是世界观的重要组成部分，世界观决定人生观、价值观；而人生观、价值观又反作用于世界观，是世界观的具体表现。人生观和价值观的关系也很密切，价值观决定人生观，人生观是价值观在人生方面的根本反映；而不同的人生观又从侧面折射和体现着不同的价值观。

（一）在人生观方面，罪犯表现为虚无主义、唯意志主义和享乐主义的人生观

人生观是人们对人生的根本看法和观点。其主要内容是对人生目的、人生意义的认识和对人生的根本态度。罪犯的人生观表现为虚无主义、唯意志主义和享乐主义。

1. 虚无主义的人生观

虚无主义人生观是罪犯主观唯心主义世界观在人生问题上的具

体反映。它的特点是无限夸大人生中的主观能力,抹杀客观条件对人生活动的制约。按照这种人生观,一个人想做什么就能做到,根本不用去问"是不是""应该不应该"的问题。持这种人生观的人,不但可以无条件地否定一切既定的社会法则和道德规范,甚至可以否定一切事物和人生活动的价值。虚无主义者常常过分夸大个人的地位和作用,把自我看成脱离历史和社会集体的独立存在,认为人生就是摆脱一切社会责任和义务,实现个人所谓的"绝对自由"。

罪犯正是这种人生观的典型代表和积极的践行者。他们不仅不尊重社会发展的客观规律,而且根本漠视法律规范、道德规范等社会规范。他们认为法律、法则、规范、准则都是妨碍他们实现"绝对自由"的桎梏,必须统统抛弃;他们玩世不恭,认为人生就是"一场游戏一场梦",因而极力追求醉生梦死的生活方式;他们胆大妄为,凶狠残暴,只要我想得到,就必须得到,根本不顾客观条件和社会规范的制约。

2. 唯意志主义的人生观

唯意志主义人生观也是罪犯主观唯心主义世界观在人生观上的具体表现形式。唯意志主义人生观是夸大人生主观能力的典型。这种人生观把个人意志或抽象的"自我意志""生命意志""权力意志"等无限夸大,认为意志是世界的本质,是人生的动力。按照这种人生观,人生的目的和价值就是追求或实现自我意志、生命意志、权力意志,因而这种人生观集中表现为极端个人主义。

唯意志主义人生观在罪犯中有相当广阔的市场,可以说罪犯身上或多或少都有唯意志主义人生观的表现形式。他们以自我为中心,过分强调个体在社会中的主体地位并加以绝对化,对国家、社会、集体、家庭、他人的责任感极其淡漠,严重丧失理智和冷静思考,完全以自我感觉和情绪冲动代替理智,表现为任性专横、我行我素、一意孤行;他们追求生命意志,把生命当儿戏,认为人生就是赌场、生命就是赌注,为了达到自己的目的随时可以拿生命孤注一掷。这是一种地地道道的疯狂人生和亡命哲学。他们喜好玩弄权术,认为"争权夺势,乐在其中"。在社会上他们就信奉"有权不使,过期作废"的信条,认为"有权就有一切"。锒铛入狱后,这种权力意志丝毫不减,除了在狱内争当牢头狱霸之外,还极尽溜须拍马之能事,极力讨好警察,甚至用贿赂的办法获取警察的欢心和信任,以达到自己的不法目的。

3. 享乐主义人生观

享乐主义人生观过分看重物质享受和感性快乐,认为人生的目的和意义就是追求享乐,特别是感性的、本能的、肉体的享乐。这种人生观常常表现为在现实生活中失去理想追求的自我陶醉。享乐主义与利己主义密不可分,它充斥着市侩的短见和庸俗。享乐主义人生观历来是剥削阶级所崇尚和奉行的人生哲学,正如马克思所说,享乐哲学一直只是享有特权的社会知名人士的巧妙说法。

享乐主义人生观在罪犯中极为流行,应该说正是这种腐朽的人生观使他们陷入了罪恶的泥潭。他们极力追求感官刺激和肉体快乐,吃喝嫖赌、寻欢作乐、花天酒地、挥霍无度是他们犯罪前社会生活的真实写照。判刑入狱后,罪犯享乐主义思想依然十分强烈,罪犯中的"高消费"风气就是这种思想的具体体现。多数罪犯追求"干活轻一点、学习少一点、吃得好一点、管得松一点、娱乐多一点、减刑快一点"的"六点论",足以说明罪犯享乐主义人生观的顽固性和严重性。

（二）在价值观方面，罪犯表现为拜金主义和实用主义价值观

价值观是人们认识世界和评价世界的主观感受和评价标准。价值观是在世界观的支配下依据个人的主观感受和主观需要去认识和评价外界事物，从而形成不同的认识、评价和处理事物的是非标准、方式方法和行为取向。

绝大多数罪犯在彻底改造之前，在认识和评价世界或外界事物上，一般都是以金钱或实用标准来进行认识、评价或选择。因此，罪犯在价值观上突出表现为拜金主义和实用主义。

1. 拜金主义的价值观

拜金主义是一种典型的资产阶级的价值观。拜金主义的突出特点是对金钱的盲目崇拜和竭力追求，认为世界上没有一样东西不是为了钱而存在的，有了钱就有了一切，金钱是万能的。人活着就是为了赚钱，除了快快发财之外不知道还有别的什么幸福；除了金钱的损失之外不知道还有别的什么痛苦。在人与人的关系上，除了金钱关系之外，不存在其他任何关系。可以说，许多罪犯的犯罪都是拜金主义所致，他们不择手段地弄钱，为了钱可以杀人放火、抢劫诈骗、走私贩毒、贪污盗窃，无所不为。罪犯入狱后，其拜金主义思想依然十分顽固，据调查，70%左右的罪犯都认为"有钱能使鬼

推磨"。在罪犯群体中谁有经济实力、谁就能成为核心人物。"等价交换"的市场经济原则被引入罪犯的服刑改造中，"有偿改造"的现象仍有一定市场。"一切为了分""给多少分干多少活，多给多干，少给少干，不给不干"，甚至公开与警察争分数、讲价钱。由此可见，罪犯正是把金钱作为衡量一切的砝码和准则，甚至把金钱作为是否改造的条件和标准。

2. 实用主义的价值观

实用主义是资产阶级一贯奉行的人生观和价值观。实用主义作为一种价值观，是以抹杀原则为基本特征的。实用主义认为，存在就是有用，一切以"有用性"为标准，否定事物发展的客观规律，否认社会活动中应有的原则和理想价值目标。按照这种价值观，人生的价值就在于现实的利益，要对个人生活方便、有用，一切手段都可以使用。实用主义常用的信条是"有用就是真理""满足我双倍需要的，这便是真的"。由此可见，实用主义价值观不过是资产阶级极端个人主义世界观在社会生活中的具体运用和评价是非标准的原则和方法。

罪犯坚持实用主义价值观，不相信有客观真理或价值标准，而是以能否满足个人狭隘私利作为评判是非的准则。在人际交往中，他们以是否对自己有利为交际原则。在处理罪犯与罪犯之间的关系上表现为明哲保身，少惹是非，坚信"一个朋友一条路、一个冤家一堵墙"。在罪犯中拉关系、结帮伙、讲义气，而对他犯的反改造行为却睁眼闭眼，相互包庇。在处理罪犯与警察的关系上，他们认为，与警察搞好关系会给自己带来实惠，因此千方百计对警察搞感情投资，甚至进行拉拢腐蚀。在决定自身的行为时，凡是对自己有好处的事就争着干、抢着干，而对自己没有好处的事，即使对国家、对社会、对他人有利也千方百计退而避之。由此可见，罪犯正是以能否满足自己的私利作为处理和评价各种关系，选择自己行为的根本标准，而这正是实用主义价值观的真实反映。

（三）在世界观方面，罪犯表现为历史唯心主义和极端个人主义的世界观

世界观是人们对于整个世界的总的、根本的观点和看法。世界观包括对自然界根本看法的自然观，对社会历史根本看法的社会历史观等。世界观并不是什么神秘和抽象的东西，生活在现实社会中的每个正常的成年人都会形成自己的世界观。罪犯中绝大多数是生活在现实社会中的正常的成年人，因此他们也有自己的世界观。在以往的日常生活中他们都是按照自己的世界观来解释一切现象，处理各种问题的，也正是这种世界观使他们走上了犯罪的道路。

在自然观上，罪犯一般没有自觉意义上的自然观，但也有些罪犯认为："自然界的一切事物都是物竞天择、适者生存、互相排挤、互相残杀的关系，呈现出'大鱼吃小鱼、小鱼吃虾米'这样一种弱肉强食、你死我活的自然法则""人也是来自大自然，人与动物并没有本质的区别""自然界的动物本性是恶的，人的本性天生也是恶的，人与人之间的关系就是狼与狼的关系，是互相算计、互相嫉妒、钩心斗角、你争我夺、尔虞我诈、互相残杀的关系"。这样，罪犯就从形而上学的自然观陷入了唯心主义的社会历史观。

罪犯的世界观集中体现在他们的社会历史观上。在如何看待和处理个人与社会关系的问题上，罪犯普遍认为："只有个人才是最真实的，实实在在的，而社会不过是无数个人的机械堆积""国家、社会、集体是看不见、摸不着的，是虚的东西，为国家和社会作贡献只不过是一句骗人的鬼话""不仅个人是最真实的 而且每个人天生就是自私的，人的本性是恶的""每个人都是在为自己而活着，世界上根本就不存在不为自己而活着的人""电台、电视、报纸所宣扬的大公无私的人只不过是让人们看看和听听而已，绝对不可相信""'人不为己，天诛地灭''人为财死 鸟为食亡'，这是自然和社会的天理，是绝对真理，除此之外别的都是假的""既然人都是自私的，因而每个人为了达到自己的目的，可以采用一切手段，只要目的能达到，手段是无所谓的"。因此，这些人为了达到暴富的目的，就可以采用盗窃、抢劫、贪污、诈骗、贩毒等一切手段，甚至不惜冒着杀头的危险。罪犯在处理个人与社会关系的问题上，抹杀了人的社会性本质，割裂了个人与社会的辩证关系，把本属于社会性的人降低至了一般动物的程度，这是他们唯心主义社会历史观的必然结果。

在如何正确认识和评价现实社会的问题上，他们只看到社会的阴暗面和消极面并加以无限夸大，而看不到社会的主流和积极面，因而助长了他们的反社会意识和敌对情绪。应该说，这与他们在认识和评价社会问题上的形而上学的方法论和唯心主义的社会历史观密切相关。

可以看出，罪犯完全是站在以自我为中心的基础上来观察和认识世界的。他们由人的本性是自私的、人性天生就是恶的观点出发，进而得出只有个人利益、个人的价值才是最真实的、最重要的。为了实现个人的利益和价值，可以采取一切手段，并把除个人利益之外的其他利益作为实现自己私利的辅助手段，这是一种典型的极端个人主义的世界观。

由上述分析可见，罪犯错误的人生观、价值观和世界观不仅是导致罪犯走上犯罪道路的根本原因，而且也是关系到罪犯能否改恶从善、重新做人的关键因素和主要矛盾。因此，罪犯错误的人生观、价值观和世界观应该成为改造罪犯的实质内容。在罪犯改造工作中，只有把主要精力投入到改造和转化罪犯人生观、价值观和世界观上，才会真正触及到罪犯的灵魂，才能抓住罪犯改造工作的主要矛盾，也才算是抓到了点子上。只有这样，才能彻底改造和转化罪犯，提高罪犯改造质量，降低重新犯罪率也才会有根本保证。

提高罪犯改造质量，应该采用多种改造手段和措施，如监管手段、教育手段、劳动手段、感化手段、行为养成手段、心理矫治手段、监区文化建设手段等。而罪犯思想教育讲评也是其中一种经常使用的教育改造方法，监狱人民警察只有掌握好罪犯思想教育口才的技巧，才能从思想上真正转化、改造罪犯。

二、罪犯思想教育讲评口才的技巧

思想教育讲评口才就是改造罪犯犯罪思想的有效手段。思想教育讲评口才在日常生活中肯定和表扬罪犯改造中的积极改造的人和事，批评罪犯中不良思想倾向和消极的人和事，剖析原因和危害，布置下一步的改造任务，提出相应的改造要求，对罪犯普遍关注的形势政策和热点问题等进行答疑解惑、教育引导及其他应当讲评的问题等。并结合当今社会、政治、经济、文化发展形势，围绕监狱开展的教育改造中心工作，结合犯情分析的情况开展。

讲评的主要是针对所管辖的罪犯在相应时间段内在遵纪、劳动、学习、生活等方面的思想倾向、改造表现、群体性问题和具有典型性的个体问题等进行引导性教育，最终达到教育矫正的目的。监狱人民警察在对罪犯进行思想教育时，要注意以下4点。

（1）口语表达要通俗规范、形象生动、深入浅出、以理服人，语言表述要逻辑严谨、前后一致。

（2）音调要随着内容的变化呈现抑扬顿挫、富于节奏感，切忌平淡乏味、平铺直叙。

（3）言辞语气要充满感情色彩，要倾注满腔真情，以真情来打动罪犯、感染罪犯。

（4）言辞要有力度感，分析要有透彻感，而不能言辞生硬，语粗气重，更不能粗暴训斥，恶语伤人。

对罪犯进行思想教育的口才方法主要有理论疏导法、直观诱导法、实例剖析法、典型示范法、现身说法等等。

三、评析

某监狱犯人中，有少数人对接受政治思想、文化知识、生产技术等"三课"教育的态度不端正，学习不认真，甚至出现"厌学"的不良倾向。

针对这一问题，监狱人民警察进行了深入的调查研究，较全面地掌握了犯人对"三课"教育的不同认识和态度以及导致出现"厌学"现象的主客观原因，为彻底扭转犯人在学习活动中的不良倾向，该警察于某日犯人收工后，集合全体犯人，对他们进行了队前讲话。

警察：全体稍息！

利用这个时间，我准备讲一下，你们应该如何正确对待"三课"教育的问题。

最近一个时期，部分罪犯对"三课"学习不够重视了，松劲儿了。有的说："再学刑期也短不了，不学刑期长不了"。有的还说："过去爹妈哄我逼我，我都不学，现在进了监狱，就更没学头儿了。"有的人上课，不是打盹，就是看课外书；也有的不完成作业，考试不及格。"三课"教育在这些人看来，似乎成了聋子的耳朵——摆设，果真如此吗？

在你们中间，有相当一部分文盲。有的虽然进过几年学校，但有其名无其实，文化素养和知识水平低得令人吃惊。你们有很多人善恶不分、美丑混淆、是非颠倒，这实际上正是思想、文化落后，无知导致的必然结果。所以，通过政治思想教育，使你们分清是非善恶，明确人生的意义和价值，从思想上破除享乐腐化、损人利己、无视法纪、违背伦理道德的犯罪思想和恶习，树立正确的观养成良好的品德，以后真正成为守法公民。犯人刘某因伤害罪判刑15年，他认为被害人利用职权诬陷他妻子，就该杀，于是就去杀人，造成被害人终生残废，自己也锒铛入狱。如果依据事实诉诸法律，能有这种后果吗？这就是不学法，不懂法的结果。所以说学习包括法律、道德在内的政治理论，不是没有学头，而是非学不可，它可以使你们明白许多道理，知道该怎样做人。

文化知识教育能使文盲罪犯脱盲，使文化基础差的罪犯，提高文化水平，为你们继续学习文化或生产技术，打下良好的基础。可见，文化知识教育是解决你们愚昧无知的根本途径。你们要改恶从善、悔过自新、要摆脱愚昧落后，就必须努力提高文化知识水平。犯人李某某被捕前在家放牛，没条件上学，是个连扁担放在地上都不知道是"一"的典型文盲。入监后由于没文化，政治课听不进去，技术课听不懂，家信不会写，常受到他犯的讥笑，思想较悲观。两年前参加扫盲班学习后，他刻苦认真，进步很快，现已学完初小课程，升入了高小班。由于他改造表现突出，各项活动都走在前面，被减刑一年，这怎么能说"再学刑期也短不了"呢！

开展生产技术教育也是改造你们的主要途径。监狱改造你们的基本手段是组织你们参加生产劳动。但要使你们顺利地投入改造，不仅要转变罪恶思想，而且还要提高生产技能，否则就不可能进行有效的劳动改造，甚至影响正常的改造积极性，不利于改造。此外，通过生产技术教育，还可以使你们学习掌握一种或几种生产技术，为刑满释放后的生活、就业、安置，提供条件。有了稳定的经济收入、安定的生活环境，对于巩固改造成果避免重新犯罪，同样是至关重要的。刑释人员吴某在服刑期间经培训，学得了一手家电维修技术，回家后开了个修理部，由于他技术过硬，服务热情，收费合理，不但生意兴隆，效益显著，还赢得了顾客的好评。

总之，希望你们能够切实端正"三课"学习的态度。需要你们引起注意的是，监狱组织你们进行何种活动，都是在惩罚管制的前提下进行的，对你们实施"三课"教育，首先是行使人民民主专政的职能。对一切刑事犯罪分于实施惩罚和改造，就决定了它具有鲜明的法定强制性，这是不以某个人的意志为转移的。我希望全体犯人都能够由强制学到自愿学，不断提高学习的主动性和自觉性，通过"三课"学习，矫正犯罪思想和恶习，多掌握一些文化技术知识和技能，将来为祖国的建设做出贡献。

讲话完毕。解散！

【评析】

矫正罪犯的错误思想，有针对性地对罪犯实施教育改造，是基层警察的主要工作职责之一。就罪犯在监管改造期间应当遵守的言行准则和规范告知罪犯，使其警觉重视是思想教育讲评队前讲话口才活动的主旨。

该例中的警察,针对"学习,刑期短不了"、"进了监狱更没学头"及不认真学习等错误言行,成功地运用了事理相融法,用不容置疑的道理和真实可信的事例,阐明了"三课"学习的重要性。令罪犯心悦诚服。

该实例在表达技巧上,也很有特点。"分清、明确、破除、树立、养成、成为"六个动词的连续运用,具体指出了政治思想教育的目的,准确鲜明;歇后语、俗语的运用,生动形象;排比句式的大量使用,增强了口语表达的气氛;而多用短句,也符合口语表达的特点。

整个讲话环环相扣,一气呵成,是一次较为成功的队前讲话。

第三节 日讲评教育口才评析

一、日讲评教育口才的技巧

日讲评教育是监狱日常工作的一项重要内容，主要由当天值班警察针对本监区、分监区、小组罪犯改造情况，包括思想动态、行为表现以及日生活劳动和学习等各种情况进行通报小结，同时，布置次日的生产和学习任务和应当注意的事项。一般在出工、收工前后，或在学习讨论前后，由带队警察集合队伍，清点人数准确后开始讲评。一般可由带队警察为讲评人，必要时由分监区主管领导为讲评人，讲评时间一般不超过5分钟，讲评时要求罪犯以横队或马鞍形队列站立，保持肃静。

日讲评要以正面教育为主，鼓励为主，抓住主要问题，突出中心，言简意赅。作为日讲评的内容可以先总结一天的劳动、学习、生活等情况，再就其中需要强调的内容进行说明，最后安排布置下阶段的工作。如果是"三大现场"讲评，先交代学习、劳动、生活现场发生的事件，再就事件进行评论，最后提出要求。任务布置类讲评，先讲任务是什么，再讲通过哪些措施来完成任务，最后鼓励表态。如果是警示类讲评，先讲事件的来龙去脉，再讲处理意见，最后警示他犯，提出要求。日讲评教育要做到要条理清晰，主次分明，富有逻辑。可以参考以下的口才表达技巧："我发表三个见解，第一，第二，第三……""宣布四点规定……""就此事，进行三方面的说明……""我举几个事例……""你们在学习中存在以下几个问题……"切记不要前后矛盾、颠三倒四、主次不分、没有条理。

日讲评教育口才是监狱人民警察通过言语表达完成与罪犯交流沟通、心理疏导、思想交锋的过程，监狱人民警察要做到语言文明、表达准确、语气与当时情景相称，所说话语合法有理，令人信服，既具有严肃性，又要适当得体。

二、评析

某监狱警察组织罪犯进行了如下活动：7：30～11：30组织罪犯进行生产劳动；14：00～15：30组织罪犯参加文化课学习；15：30～17：30组织罪犯进行文体活动；19：00～19：30组织罪犯收看中央电视台新闻联播节目；19：30～21：00罪犯自由活动；21：00由值班警察进行一日情况讲评。值班警察是刚参加工作不久的新警察，当天他严格按照值班警察的一日工作规范，及时处理监区生活、劳动和教育等三大现场的各项具体事务,为了做好日讲评，进行周密准备。

值班警察：各位学员请注意，下面是日讲评时间，今天由我对大家一天的生活、生产、教育活动情况进行讲评。

首先，通报各位今天在生活、生产、教育三大现场的表现情况：

生活规范方面：今天检查各个监舍，发现×号、×号、×号和×号监舍室内卫生和日用品摆列不够整齐划一；×号监舍卫生间污水桶清理不够干净；还有检查中发现×号、×号监舍的卫生间灯泡损坏，已经通知电工及时更换。

生产方面：大家一起努力完成了今天的生产任务，日产值达×万多元。但是生产中有个别学员不服从分监区生产岗位的调配，与生产组长发生争吵；还有一些学员因为生产时用错线、锁边时，操作不规范等出现不合格产品。

教育方面：大家今天有文化学习、文体活动和收看新闻等内容，情况比较良好。

其次，我要宣布今天在卫生检查、生产劳动中出现问题的相关人员的处分决定：根据《××监狱罪犯改造奖惩实施细则》规定，对内务卫生不规范、不整洁的号房进行扣分，其中×号监舍扣0.2分，×号、×号、×号各扣0.1分。保持内务卫生整洁、规范是一项常规要求，我们一些学员思想不重视，值日时不仔细、不认真，就容易出现问题。内务卫生事关大家自己的身体健康，应当每天都要保持，希望大家重视起来，监舍组长出工前做好检查。

今天林某某在生产时用错线，导致生产质量出问题；

罪犯陈某因锁边时，操作不规范，出现质量问题；张某某近期生产明显落后于他人，且出现不合格产品。根据《××监狱罪犯改造奖惩实施细则》规定，扣林某某、陈某某0.5分，张某某扣1分。希望大家在生产时不要只为了数量，不顾质量。我们再三强调，要大家在保障产量的前提下，注意质量水平的提高。质量是生产的生命线，生产上要精益求精，打出六监区的品牌。这是我们监区的目标。另外，今天上午陆某在生产车间因生产上的问题，与生产组长杜某某，发生口角。后被及时制止，经过分监区警察的教育，两个人都能认识到错误，并互相道歉。考虑到他们都是为了生产而发生争执，并且只是发生口角，决定给予批评教育。希望大家彼此之间有问题，要心平气和的沟通，相互理解，不要意气用事，这样只会对各位的改造带来不利后果。

　　我想大家都学过弟子规，不知道你们对"人有短，切莫揭"这句话是不是有所理解？作为同改，杜某某应该要帮助陆某在生产上有所提高，而不是把陆某生产上的过失拿来开玩笑。火上浇油和雪中送炭一个天上一个地下！"得人恩果千年记""一念天堂一念地狱"，你们之所以在这里，就是因为你们在社会上的一念之差才酿成如今的后果，你们只有要通过不断的学习、才能认识到自己的错误，才能真正改正并重新建立自己正确的生活观与价值观。记得卡耐基在《人性的优点》中有这么一句话："昨天是过期船票，明天是未兑现的支票，只有今天才是现金流通。"

昨天的失败与否永远是过去，明天还未来临，担忧它干什么？而上苍对于我们每个人的今天是平等的，珍惜与否在于自己．希望你们能真正的做到视刑期为学期，真真切切的做到悔过自新。还有，我在这里要郑重其事的跟你们说，在生产中遇到任何问题，只要质检提出的建议一律先执行，如果有异议过来找警官，不要跟质检人员争吵，质检人员一切都是为了产品质量，如果生产中真的遇到问题了、请过来找警官，我们会做出判断。"有则改之无则加勉"。

　　这里，我想跟大家分享一个让自己保持好心态的秘诀：一、要有自信；二、心胸要开阔，什么事都不放在心上；三、遇到困难时要多想想好的事情；四、心情不好时自己哼哼小调，做做运动；五、有什么不好的想法在心里要多找人沟通，发泄自己不好的情绪。最重要的是，当你情绪激动的时候，请你冷静一分钟想清楚这样做的后果，不要逞一时之快，做事要三思而行。

　　再次，谈谈今天文化学习、文体活动、收看新闻现场的情况。各位学员表现较好，遵守纪律，积极踊跃参加活动，关注社会新闻和时事。希望大家能够一如既往地努力学习不断提高自己的文化水平，也希望大家积极参加各种活动，通过活动锻炼身体，陶冶情操，使你们在身心方面都保持健康和快乐。

　　最后，我布置明天的事项：生活卫生方面，各监舍要坚持按照规范要求做好内务卫生，尤其是今天出现问题的监舍要特别注意；生产方面仍然和今天的安排一致，大家心中都有数，不再重复；文化教育方面，大家记住要完成监狱布置的"认罪伏法与悔罪"专题教育的心得体会，明天交给各监舍文书。

以上就是我今天讲评的全部内容，假如大家对处分有疑义，或有不同看法，讲评之后可以找警察。谢谢！

【评析】

警察要想做好日讲评，必须在罪犯收工前开始准备。收工前要全面进行一次巡查，掌握劳动进度、劳动质量、劳动成果。在巡查的过程中，警察一定要把劳动量和劳动中存在的主要问题了解清楚，从而做到心中有数。总结评价时要简要的评价一下全天的生产情况，肯定成绩，表扬劳动突出者，指出罪犯存在的问题。需要注意的是，在评价劳动情况时要避免形式化和简单化，对罪犯劳动表现的评价要拉开档次加以区别，如劳动表现突出的、好的、较好的、一般的、次的、不好的等等。要褒贬有据，公正合理，表扬要实事求是，人数不宜太多，在没有把握的情况之下，一般应采取褒奖其事，不点人名的办法。批评一般以点事不点人为宜，即达到教育本人和多数人的目的，又给批评者留有余地。对于生活和学习情况讲评也要如此处理。除此之外，警察还应做到抓住重点、点明问题、神情严肃、干脆利落、言简意赅、切忌大话连篇、空洞无物、漫无边际、离题万里。

该例中的警察为了做好日讲评，对分监区的罪犯生产、生活、学习情况做了大量的了解，对罪犯一日的表现，做出了恰如其分的评价。既肯定了成绩，又指出了问题，有点有面，点面结合，有鲜明的观点，翔实的材料，准确的数据，分析有据、顺理成章。整个讲话语句流畅，通俗易懂，有一定的逻辑力量。

值得称道的是警察在面对罪犯之间发生的矛盾时，不仅仅是简单地解决矛盾、批评教育，同时还和罪犯分享自己保持好心态的秘诀，动之以情，晓之以理，感情色彩鲜明。

口语化是该讲话的另一特点，真正做到了化笼统为具体，化抽象为形象，使罪犯易于接受。

第四节 会议讲评口才评析

会议讲评主要是指把全体或部分罪犯集合在一起，就改造中罪犯的思想教育、生产劳动、文化技术学习及各种活动的情况，由专人进行讲解和评述。这种类型的讲评教育事先有计划，地点一般在专用场所或其他适合讲评的地方，讲评内容涉及罪犯改造诸方面，时间较长。会议讲评教育的组织程序与周讲评相同，主要区别在于，会议讲评教育比周讲评教育的内容更加重要，气氛更加严肃。全场布置上要突出教育氛围，如悬挂横幅、会标；参加的警察除主持人和主讲人外，分监区全体警察均应到会，在主席台就座；讲评教育过程中，通常要求罪犯记录，会后布置讨论题进行分组讨论，加深教育效果。

一、会议讲评口才的技巧

会议讲评的对象往往针对的是罪犯中比较难改造的一类人——顽固犯。顽危犯最大特点就是反改造的心理和行为具有明显的顽固性和巨大的反复性、危险性。他们藐视监管法规、有罪不认、恶习深重、拉帮结伙、寻衅滋事、不服管教、抗拒改造，固执地坚持原有的犯罪立场和观点，具有强烈的反社会意识和反改造情绪。他们反改造时间长，屡教不改，反复性大，潜存着巨大的破坏性和危险性。对于这类罪犯进行讲评教育，警察要掌握以下口才技巧。

（一）严词告诫，指明利害

对于顽固犯所持的反改造态度和反改造行为，警察要义正辞严地相告这是监狱绝对不允许的，是他们继续作恶、与人民为敌的具体体现，要给罪犯指明这样做的后果和带来的巨大危害。罪犯必须冷静思考，悬崖勒马。

（二）言辞有厉有缓，宽严相济

"厉"就是对待罪犯的反改造行为和反动思想本质，严肃对待、严厉批判，不迁就、不退让、更不惧怕；"缓"就是在一般情况下对顽固犯的言辞力求缓和一些，少用或不用带有刺激性的言辞，以缓解对立情绪，弱化矛盾，便于罪犯接受教育。

（三）态度真诚，晓之以理

对待顽固犯，警察要有一种博大的胸怀，以挽救人、改造人、造就人的宽广胸怀去感化和融化罪犯，从而打动罪犯冷酷的心，融化罪犯心头的坚冰。在态度真诚的基础上，警察要阐明道理，以理制胜，使罪犯在真理面前低头。

（四）出现转机，及时表扬

对于顽固犯的思想进步，哪怕是十分微小的，也决不放过，要及时的在犯人大会上给以表扬,并且注意抓住他们转化的时机,连续进行谈话,以关切的言辞加以鼓励,以强化其初步形成的进步心理,巩固成绩,再接再厉。对于顽固犯的教育,监狱人民警察要清醒地认识到,改造道路是十分艰难的,在罪犯出现了良性改造局面后,也容易多次出现反复,这是正常的。作为警察要在改造中发现罪犯易出毛病的地方或出现反复萌芽时及时谈话,多加提醒,以防患于未然,达到巩固改造成果的目的。

二、评析

某监狱罪犯李某于某日凌晨,当其他服刑人员沉睡之时,用热水瓶内胆碎片(从楼层垃圾桶捡来)割破自己手腕3处,被值夜的同改发现,及时制止,避免了一次重大的监管安全事故。李某被禁闭和严管4个月,后解除严管回到原监区改造。1个月后,李某在工场劳动时,突然用针织机的压针尺刺进自己的脖子,再次企图自杀,被互监组成员及时发现,送医院抢救,他被再次从死亡线上救回来。

罪犯自杀是危害监管秩序的重大事件,也是反映刑罚执行效率、监管秩序和罪犯改造质量的重要指标之一,某监区警察迅速就李某自杀事件进行全面调查了解,发现李某自杀的原因主要是面对漫长的刑期,加上患有慢性胃病,情绪一直低落,产生悲观思想。而且,该犯生产劳动时,手脚偏慢,考核难以评上高分,丧失改造信心,最后发展到用自杀方式逃避现实。

在全面调查了解李犯自杀的事实后,为防范、控制此类事件的发生,监区警察及时总结,并结合李犯事件,决定在监区会议厅对罪犯进行专题性会议讲评教育。

勇敢面对挫析，扬起生活风帆

某日凌晨，正当其他服刑人员沉睡之时，某监区李某用热水瓶内胆碎片（从楼层垃圾桶捡来）割破自己手腕三处造成出血，被值夜的同改发现及时制止，避免了一次重大的监管安全事故。李某被禁闭和严管四个月，于某年某月底解除严管回到原监区改造。一个月后李某在工场劳动时，突然用针织机的压针尺刺进自己的脖子，再次企图自杀，被互监组成员及时发现，送医院抢救，他被再次从死亡线上救回来。罪犯自杀是危害监管秩序的重大事件，也是反映刑罚执行效率，监管秩序和罪犯改造质量的重要指标之一，监区警察迅速就李犯自杀事件进行全面调查了解，发现李犯自杀的原因主要是：面对漫长的刑期，加上患有慢性胃病，李某情绪一直低落，产生悲观思想。而且，该犯生产劳动时，手脚偏慢，考核难以评上高分，丧失改造信心，最后发展到用自杀方式逃避现实。

常言道：人生不如意的事十有八九。人生，是一次艰难的过程，在人生的通路上，我们随时都可能面对挫折、痛苦和疾病，而这种种的不幸正是生活对我们的考验，也是我们对困难的挑战。人生如大海苍茫，每人都是舵手。海起波涛千层浪，要活洒脱当自强。人生就像一片茫茫的大海。我们就像在海上行驶的一叶小舟，时而波折、时而安静；有时顺风、有时逆流。在人生的大海里，显然没有平静的、一帆风顺的，不论你是一艘巨轮，还是一艘舰艇，都逃不脱海的束缚。

一帆风顺的人生不会存在，坎坷一生的生活也不是最悲惨的。只有在逆境中才可以锻炼一个人能力，使之成长，让其懂得人生真谛。平静的湖面，练不出精湛的水手；安逸的生活，造就不出时代的伟人。

在那飘渺的大海里乘风破浪，激流中我们是否勇敢的前行，自信真的很重要的。在诸多的生活方式里。我们的选择大不相同，得到也不一样，如何拥有充实的人生，如何面对生活的开心与郁闷。自信则是关键的一步。一个自信的人，不怕在人前展露自己的实力，因为他对自己有信心；一个自信的人，他可以以成熟的姿态和稳健的步伐走自己的人生之路；一个自信的人，不在乎别人的诸多看法，不会活在别人的阴影下，他会走出阴霾，迎接阳光；一个自信的人可以带动身边的人也去自信,自信的人就是强者！而不自信的人则与懦者为伍，他消沉、落寞、抱怨，对人生给予的一切茫然，没有目标，所以想做强者必须自信！想做一个真正的勇者必须自强！当生活不如意时，当命运捉弄我们的时候，不要怨天尤人，不要茫然无措，要多给自己信心，给自己打气，因为真正可以帮的了你的人不是别人，是我们自己。改造中有困难，心中有苦要说出来，监狱、警察和在座的大家会共同帮助解决烦恼。

众所周知，咱们监狱的罪犯张某自认为自己无罪，多次申诉无望后开始违规抗改，甚至绝食，割腕，是监所领导和警察重视，认真研究了张犯的事情，终于发现疑点，请过法律援助的形式，帮助他改判；去年底的一个深夜，罪犯刘某某突然口吐白沫呼吸困难，警察发现后，立即将他紧急送到市医院进行抢救。经查，刘某某为多发性脑梗，已处于重度昏迷状态。为了救他，在刘某某住院的20多个日日夜夜里，是我们警察放弃休息时间为他喂水、喂饭、端屎、倒尿、擦身、换衣服，直到他保外就医回家。有困难找警察，大家共同面对，心灰意冷要不得。

人，最宝贵的东西莫过于生命，生命属于自己且只有一次，无论遇到多大的挫折，我们都要始终坚持求生的意志，决不放弃生的希望。人不应该总在回忆的痛苦中活着，寻死挽回不了过去，反而造成更大的痛苦，既不能赎罪，也报答不了谁，而且落个抗拒改造的罪名。应该对父母妻儿负责、对社会负责，鼓足勇气，转变观念，用劳动的汗水、积极改造的行为将刑期缩短，争取早日回归社会，让我们抓紧每一个现在、重视每一个过程，珍爱自己的生命，肯定生命、尊重生命、悦纳生命、完善生命、延伸生命。

【评析】

会议讲评的内容要有生动而典型的实例。用事实本身说话，比长篇累牍地讲大道理更能收到教育效果。

事实具有直接现实性的品格。它能够以自己丰富多彩的、活生生的形象，直接打动听众的思想和感情。浅显通俗地体现和证明深奥的道理，无须听者多费脑子去思考，消化，转换。

　　该例中的警察，就如何坚定改造信心、珍惜生命的问题，先声夺人，情真意切地讲述了几个真实而发人深省的改造实例，让罪犯产生心灵的触动。

　　事实的可比性，使罪犯清楚地意识到警察话语的深刻含义，避免了抽象说理，艰涩难懂，不易被人接受的弊病。使讲评收到了语出惊人的效果。

第六章

监狱人民警察调查口才

第一节 监狱人民警察调查口才概述

教育改造是监狱执行刑罚的一项重要内容,也是改造罪犯的一项基本手段。监狱人民警察在运用这一手段对罪犯进行改造思想、矫正恶习时,十分重视深入实际开展调查工作。通过调查弄清罪犯的思想动态、改造表现,查明罪犯在改造过程中出现的各种情况及其原因,为正确处理其问题,有针对性地对其施教,提供准确无误的第一手材料,从而保证对罪犯教育改造获取及时性、有效性、促进性、妥善性效应。对罪犯进行调查是监狱人民警察为了解、掌握罪犯各方面情况经常采用的方式,恰当地运用调查口才在罪犯中了解情况和问题,是取得调查成功的必备条件。

监狱人民警察的调查工作是一场场尖锐复杂、面对面攻心斗智的战斗。尽管负责调查工作的监狱人民警察在调查中居于主动地位,而罪犯则处于被动地位,但由于监狱人民警察面对的调查对象通常是被判处徒刑一次以上的各类罪犯,他们在被判刑入狱之前,业已经历过几次、几十次乃至上百次的调查,一般都具有对付调查的伎俩,或称之为具有反调查"经验",惯犯、累犯更是如此。这就决定了狱内调查工作是一场场异常尖锐激烈的斗争。作为负责狱内调查工作的监狱人民警察，如果不熟练掌握并灵活运用调查口才的表达方法与技巧，欲取得斗争的胜利，是没有可能的。

一、监狱人民警察调查口才的特点

监狱人民警察调查口才是监狱人民警察顺利进行调查研究，查清案件事实所要借助的口语表达才能。它是监狱人民警察教育口才的重要组成部分，在实际操作中，有自己鲜明的特色。

（一）合法性

合法性是指调查口才必须受国家法律的制约，制定和运用调查策略必须在法律和道德许可的范围内，不得采用刑讯逼供等手段恐吓、威胁罪犯。同时，调查口才还应当符合社会主义道德和职业道德标准，不得利用欺骗、谎言和无法实现的许诺，不得利用罪犯对法律的无知、文化落后和不良的个性品质去引供、诱供。

（二）科学性

科学性是指调查口才能够反映调查活动的客观规律，它受调查活动本身具有的规律性的制约，不能为了达到调查的目的而对调查活动固有的法定程序不顾，应以科学原理和实践经验为依据。首先，它是根据罪犯犯罪性质、已掌握的案件材料以及对罪犯的个性和心理状态所作的判断来确定的；其次，它是以某些相关专门学科的一般原理为依据，在调查询问实践经验的基础上提出来的；最后，它遵循了调查口才活动的客观规律。不仅如此，调查口才作为调查策略的一部分，还要同其他调查措施和手段协调一致，才能完成调查的任务。

（三）隐蔽性

隐蔽性是指调查口才是一种隐而不露的问话计策。这种问话策略应该是隐蔽的，使罪犯在不知不觉中按照调查口才策略的客观性就范。调查口才策略一旦被识破，暴露了它的真实意图，不仅会失去应有的意义，而且还可能引起犯罪犯的警觉，导致难以实施相应的策略。

（四）整体性

整体性是指调查口才是一种控制、指导整个调查全局的谋略，是对完成调查目标应采取什么样的问话活动的一种筹划或意图。调查口才策略具有一定的抽象性，不能直接作用于罪犯，必须通过具体的方式方法对罪犯施加影响。

（五）灵活性

灵活性是指调查口才既是根据具体的调查条件而制定的问话计策，同时又是可以灵活运用的谋略。狱内案件形形色色，调查的条件各不相同。即使是同一名罪犯，由于案情的发展，他的思想也会不断地发生变化。因此，不可能有一种适应任何情况的调查口才。这就要求监狱人民警察及时把握罪犯的心理活动的变化和问话的具体情况及时调整，机动灵活地采取相应的调查口才，千万不可拘泥于一种模式。

二、监狱人民警察调查口才的基本策略

监狱人民警察经过长期的调查询问实践和不断地总结提炼,形成的调查口才策略很多,但常用的主要有攻心夺气、避实击虚、重点突破、引而不发和迂回围歼5种。

(一)攻心夺气

攻心夺气就是监狱人民警察根据案件情况,针对罪犯的个性特点和心理状态,对其进行思想、政策、法律、形势与前途教育,纠正其错误的认识,启迪其正确的情感,达到瓦解其对抗询问的意志,促使其如实供述的一种调查口才策略。攻心夺气的策略是调查口才中经常使用、行之有效,最基本、最重要的调查口才策略。

(二)避实击虚

避实击虚是指利用罪犯防御的薄弱环节,造成其疏忽大意、不知所措或自相矛盾,进而使其防御体系崩溃,不得不如实供述的一种调查策略。

避实击虚策略是根据罪犯防御的特点提出来的。一般情况下,罪犯意识到将要被调查时,为了掩盖罪行、逃避惩罚,都会制定出对付调查的防御计划。这个防御计划因与犯罪事实相悖,受到信息不足的限制,而且又是在严重的侥幸心理支配下制定的,必然暴露出虚弱之处。

罪犯防御的虚实不是固定的，在一定条件下，虚可以变为实，实又可以变为虚。因此，在调查口才中，运用避实击虚策略时要注意以下2个问题。

（1）不仅要能够发现罪犯防备的虚弱之处，而且要善于运用各种心理学方法，如影响情绪、分散注意力、造成错觉等，把罪犯的防御由实转化为虚。

（2）一旦发现罪犯防御的虚弱之处，就要不失时机地加以利用。否则，当罪犯清醒过来或赢得时间之后，防御的虚弱之处就会因其增强防备意识或重新布置防线而变成坚实之处，从而失去有利的调查时机。

（三）重点突破

重点突破是指监狱人民警察在调查罪犯时，运用已经取得的证据或者利用罪犯心理的弱点，或对查明全案具有关键意义的某一环节作为重点，采取正面进攻的方式，迫使罪犯如实供述，从而打开缺口，供述全部案件事实或主要事实的一种询问策略。重点突破策略，是一种在调查条件比较好的情况下，为突破一点，打开全局，迅速获取罪犯真实口供而采取的主动进攻策略。其特点是具有直接性，即直接触及案件的核心和本质问题，问话效果快，能在较短的时间内一举突破案情。此策略一般是在监狱人民警察已经掌握了确实、充分、有力的案件事实的全部证据或部分证据，而罪犯侥幸心理严重，不愿交代问题的情况下或者罪犯第一次受到调查，思想处于惊慌混乱的情况下采用。有时为解决种特殊的问题，也可以采用重点突破策略。

实施重点突破策略，不能目进攻，关键是要选择好突破的重点问题。重点问题，既可以是罪犯的某一个作案事实，也可以是罪犯的某一种抗拒的精神支柱。但作为突破的重点问题，必须具备一定的条件。首先，通过这个重点问题的突破，能够迫使罪犯交代全部或主要的案件事实。监狱人民警察在准备调查时，应全面掌握案情，考虑提问的内容和策略，分析罪犯将会如何回答提问。同时还应了解哪些问题已经有充分的证据材料，哪些问题尚未引起罪犯的注意等情况，以便发现薄弱环节，出其不意地实施重点突破。也就是说，通过重点问题的突破，可以达到各个击破的目的。其次，在这个重点问题上，监狱人民警察必须具有优势。也就是说，既对案件有较高的认识度，又要有充分、可靠的证据，以揭露驳斥罪犯的谎言，迫使罪犯如实供述。

当然，运用重点突破的策略并非一用就灵。有时，运用了该调查口才策略仍不能突破案情。此时，监狱人民警察应当审时度势，灵活多变，讲究突破的技巧，及时调调查方法，而不能为了取得突破，一味进行强攻，甚至将所掌握的证据材料不留余地地全部抛出，那样反而会彻底暴露我方底细，往往会使调查陷入僵局，使其后的调查无法进行。

（四）引而不发

引而不发是指通过一定的语言、行为和气氛的影响，使罪犯形成作案事实已经被掌握的观念，从而做出如实供述的一种调查口才策略。即在调查中不直接托出证据但又确实掌握了证据，从而形成罪犯心理巨大压力的策略，这种策略主要适用于那些侥幸心理严重，对狱侦部门掌握证据盲目猜测的罪犯。在调查中，罪犯为了逃避和减轻罪责，总是希望达到某种愿望或不愿出现某种结果，但又不可能知道自己行为暴露的程度，监狱人民警察掌握了哪些证据。因此，不仅急于探听虚实，而且对外界信息具有高度的敏感性。在这种心理状态下，监狱人民警察通过巧妙的问话艺术向罪犯输入一定的信息，如在问话中形成隐喻暗示，其就会依据自己的主观愿望对所获得的信息进行判断，权衡利弊。在没有其他信息来源的情况下，罪犯往往会产生错误的判断，感到自己的问题已经暴露，造成已经无法继续抵赖下去的认识，而做出如实供述的选择。引而不发策略多在证据不很充分或不便公开的情况下使用。这种策略传递的信息量很少，但信息扩张很大，因而能进能退，谋不外泄，情不外露，利于隐蔽。

（五）迂回围歼

迂回围歼，又叫迂回渐进。迂回包抄，是指监狱人民警察采用隐蔽进攻、逐步推进、扫清外围，待时机成熟再正面突击核心问题的一种调查口才策略。迂回围歼的目的在于麻痹被询问对象，使其自己束缚自己的手脚，无法自圆，从而如实供述，突破案情。特点是具有曲折性和对罪犯的麻痹性。当遇到一些比较重大以及被罪犯防守严密的案件时，由于证据不很充分，或未摸清罪犯的心理、性格和态度时，对调查意图和调查目标暂时不暴露的情况下，只能从与案件有关的枝节性问题入手，由表及里、由此及彼、由浅入深、侧面迂回、循序渐进地接近调查的主要问题，待完成包围时堵死其退路，造成兵临城下之势，一举突破其防线，获取真实口供。

在具体运用此策略时可分为迂回、渐进和突破三个步骤。迂回，就是先绕开案件的核心和本质，从次要的问题和外围入手，询问一些似乎与案件无关或关系不大的问题，借以麻痹罪犯，使其很容易回答，在其不觉察时讲出监狱人民警察所需要的真实情况，形成外线包围圈；渐进，就是选择一些与案件有关联的问题，对证实犯罪有重要作用的问题进行询问，旨在进一步扫清外围，堵死罪犯可能进行狡辩的退路，缩小包围圈，使其作茧自缚；突破，就是当罪犯可能进行狡辩的各种理由已经堵死时，开始直接发起进攻，询问案件的核心本质问题。

采用迂回围歼的调查口才策略，必须稳扎稳打、步步为营，对询问的次序要有精心的安排。一是把迂回的问题要选择好，要有目的地提问，切实隐瞒调查的意图和目标，使罪犯处于麻痹状态，认为所回答的问题是无关大局的细枝末节，能如实回答；二是发问要具体，逻辑性要强，询问的次序要形成一个有机的链条。提出的前一个问题要为后一个问题做准备，后一个问题要为前一个问题作补充，做到环环相扣，一层一层地逐渐将罪犯可能进行狡辩的退路堵死，即如果作肯定回答要如实供述，作否定回答则必然与前一回答自相矛盾，破绽百出，不能自圆其说。

三、监狱人民警察调查口才的基本方法

（一）说服教育

调查口才中的说服教育，是指监狱人民警察在调查中，对罪犯进行政策、法律、形势、前途、道德品质等内容的教育，促其转变错误认识和不良态度，如实供述案件事实的一种方法。

说服教育是运用最广泛的一种调查口才方法，几乎对每个罪犯的调查都要使用。它是针对罪犯在调查阶段对自己行为的危害性和应承担的刑事责任认识不足而导致不供述或者不如实、不彻底供述而采取的一种方法。说服教育主要解决罪犯的思想认识问题，它的作用是：消除对立情绪、转变错误认识、晓以利害、认清前途，促其如实供述。

说服教育的主要内容有：刑事政策教育；刑事法律教育；道德观、人生观教育；形势和前途教育；典型案例、事例教育等。说服教育的主要形式有：口头教育；书面材料教育；电化教育（运用音像资料）；社会力量教育等。说服教育的主要方法有：疏导法；例证法；利害选择法；晓之以理法；规劝法等。在使用说服教育的方法时，应注意做到：因人施教、对症下药；依法依理、动之以情；宽严分明、政策兑现。

（二）使用证据

调查口才中的使用证据，是指在调查中，监狱人民警察为了揭露罪犯的谎言，破除其侥幸心理，打开调查的僵持局面，针对罪犯

抗拒调查的心理状态，有计划、有步骤地运用证据，促使其如实供述的一种调查口才方法。

　　大多数罪犯清楚，证据是认定案件事实、确定罪名的唯一根据。监狱人民警察一旦掌握了确实、充分的证据，涉嫌的罪行就会被确定，就难以逃避处罚。因此，调查中监狱人民警察同罪犯的较量主要是围绕着证据进行的。在调查的初始阶段，监狱人民警察所掌握的证据往往较少，尚不足以认定罪犯有罪或无罪。调查时使用证据，其目的主要是通过使用证据，突破罪犯的心理防线，打开调查的僵持局面，给罪犯心理上施加不可抗拒的压力，促使其如实供述，进一步获取新的证据，从而在清全案事实并做出相应的处理。

　　使用证据的要求，一是要有充分的准备；二是不能暴露调查工作的秘密；三是要留有余地；四是要与其他手段相结合；五是要注意把握使用证据的时机。

　　使用证据的时机可考虑：罪犯罪行突然暴露，尚未做出防御时；罪犯思想波动时；罪犯口供自相矛盾，不能自圆其说时；罪犯反调查伎俩被识破，彷徨犹豫或沉默不语时；罪犯推卸罪责，嫁祸于人时；罪犯交代部分犯罪事实，想就此止步时；罪犯顽固抵赖，气焰嚣张时。如何捕捉上述使用证据的时机，需要监狱人民警察把调查环境、罪犯心理和调查对策内容等视为是一个综合的动态系统，寻求它们的最佳结合点。监狱人民警察通过察言观色，分析嫌疑人的言谈、表情、举止，据此确定是否符合上述的时机条件。

　　使用证据的主要方式有：口头表述证据宣读或出示书面证据；出示物证或物证照片；播放证词、供词录音；播放证据录像；证人、被害人、同案人当面指证等。

使用证据的主要方法有：直接使用证据；间接使用证据；暗示使用证据；点滴使用证据；连续使用证据；分解使用证据；包围使用证据；补充使用证据等。

（三）利用矛盾

利用矛盾是指在调查口才中，监狱人民警察通过寻找和制造与罪犯有关的矛盾，选择有利时机，予以揭露、批驳虚假供述，分化瓦解同案罪犯，促使其如实供述的一种调查口才方法。利用矛盾是调查中常用的方法，监狱人民警察在调查中要善于发现和制造矛盾，正确分析矛盾，善于利用矛盾，有效地推动调查工作向前发展。使用这种方法有利于发现调查工作的重点和方向，有利于促使罪犯端正供述态度，有利于分化瓦解同案罪犯，有利于澄清事实，纠正错误。

调查中常见的矛盾主要有3类。

1. 与罪犯口供有关矛盾

与犯罪嫌疑人口供有关的矛盾主要有罪犯口供本身的矛盾；罪犯口供与同案罪犯口供之间的矛盾；罪犯口供与其他证据的矛盾等。

2. 同案罪犯在利害关系上的矛盾

同案罪犯在利害关系上的矛盾主要有：因争权夺利引起的矛盾；因派系纷争引起的矛盾；因分赃不均引起的矛盾；因相互猜疑引起的矛盾；因推卸罪责引起的矛盾等。

3. 罪犯心理上的矛盾

罪犯心理上的矛盾主要有：是否如实供述的矛盾；主动供述与

被迫供述的矛盾；全部供述与部分供述的矛盾；只供述自己的行为与检举揭发他人的矛盾等。

监狱人民警察发现矛盾的途径和方法主要有6种。

1. 通过审阅案卷发现

2. 通过询问发现

3. 通过调查取证发现

4. 通过技术鉴定发现

5. 通过观察比对发现

6. 通过逻辑推理发现

在利用罪犯口供中的矛盾时，首先，应分析矛盾形成的原因，确定利用的重点；其次，要注意把握利用矛盾的时机；再次，要讲究利用矛盾的技巧；最后，要注意同说服教育、使用证据相结合。

在利用同案罪犯在利害关系上的矛盾时，首先，要收集整理矛盾，分清主次；其次，要选准利用矛盾的突破口，依次询问；最后，要掌握利用罪犯之间矛盾的技巧。

在利用罪犯心理上的矛盾时，首先，要查清影响其如实供述的心理矛盾是什么；其次，要根据不同的矛盾有针对性地矫治和利用；最后，要注意与其他调查方法相结合。

（四）调查口才的辅助方法

除上述三种主要调查口才方法外，还有社会规劝、查证配合、心理测试技术配合、监管教育配合等方法，可根据具体案件和罪犯的不同情况采用。

四、监狱人民警察调查口才中提问和应答的方法与技巧

监狱人民警察调查口才是监狱人民警察在调查过程中的一种确证手段和获取供词查明事件事实的过程，又是一种复杂的特殊的言语交际过程。监狱人民警察调查口才的最终表现形式是一个个具体的问话。

这种问话，不能仅仅理解成是一个个问话的链条，它是由监狱人民警察提出一个问题并要求对方回答的完整过程。监狱人民警察根据问话目的向罪犯提出问题，罪犯接收到信息后应做出反应——回答。这一问一答才是一个完整的调查口才过程。问话引出回答，再根据答话提出问话。问引导答，答又影响问，一问一答具有很强的互动性。问话的话语是否与问话的目的一致，答话人愿意不愿意回答，答话人有无回答问题的知识或信息。这些因素使监狱人民警察调查口才的"问"与"答"在动态的状态下进行。因此研究调查口才中提问和应答的方法和技巧就至关重要。

（一）监狱人民警察调查口才中提问的方法与技巧

1. 探索式提问方法与技巧

探索式提问，是指监狱人民警察以试探对方的态度、摸清对方底细为目的的提问方法。它一般适宜于在第一次调查时。监狱人民警察与罪犯互不了解，不能在调查一开始就询问关键重大问题，要先进行探索式提问。例如，"你叫什么名字？""多大岁数？""为

什么被带到这里？"第一、二两句问话是常规性的，具有查明身份的意图，罪犯不但不会有任何反感，而且还可以起到缓解其紧张心理的作用；第三句问话则是试探性的，看其能否交代事实，以了解其认罪态度。同时，也可以观察了解其个性特征、智力水平、道德品质以及其将采取何种方法对付调查，为下面要进行的一次次调查活动做好准备。在运用探索式提问方法与技巧时，监狱人民警察要做到沉着冷静、含而不露、自然大方，使罪犯处于一种自然平静的状态，以免打草惊蛇，增加其戒备和对抗心理；要尽可能运用平易委婉的言辞语气，以促进双方的心理接触。

2. 突入式提问方法与技巧

突入式提问，是指监狱人民警察直接针对罪犯的犯罪事实或心理上的要害问题单刀直入，正面强攻的提问方法。突入式提问的适用对象主要有以下三种：第一，在犯罪现场抓获的罪犯；第二，证据确实又不如实供述的罪犯；第三，在其身上或住处查获了犯罪罪证的罪犯。例如，"你的便服是哪里来的？""你手上的伤痕是怎么弄的？""你和王某在伙房是怎么商量的？"等等。运用突入式提问方法，能够对罪犯的心理造成强烈刺激，能够显示监狱人民警察的胸有成竹，能够快速摧毁罪犯的拒供心理防线。

突入式提问的技巧：一是态势要严峻，态度要坚决，语势要强烈，以造成调查的威严气势；二是证据使用要充分，在选准使用证据的时机后，出其不意地使用证据，就会给罪犯以沉重的打击；三是发问的言辞语气要迅捷有力，即以迅雷不及掩耳之势提出问题，使罪犯猝不及防，在心理上感觉到压力大、来势猛，无法应对，进退两难，只有坦白教代罪行，才是唯一出路。

3. 迂回式提问方法与技巧

迂回式提问，是指监狱人民警察为了缓解罪犯的对立情绪或使其分散注意力，先由外围入手，然后再突破案情的提问方法。迂回式提问方法适宜于下列三种情况：第一，证据不足或证据不够确切；第二，案情比较复杂；第三，罪犯异常狡猾，具有严密的防御体系。例如，在调查一起盗窃案件中，监狱人民警察从盗窃现场提取到罪犯的一枚指纹，在调查时，监狱人民警察首先询问罪犯案发前的情况，罪犯否认案发前到过犯罪现场。询问罪犯案发后的活动情况，其矢口否认，声称"连现场的边都没有沾过"。这时，监狱人民警察突然出示现场指纹照片，令其做出解释，使罪犯不得不交代自己的盗窃罪行。运用迂回式提问方法，提问的问题要有严密的逻辑性，要能穷尽一些可能性，调查前要注意隐蔽，不到最后阶段不能暴露调查意图。

迂回式提问的技巧，一是监狱人民警察应以和缓的语气、探询性的言辞，从案情实质问题的侧面提出问题；二是提问要有内在的逻辑性，态势也应稳重，使罪犯摸不清监狱人民警察的真实意图。

4. 循序式提问方法与技巧

循序式提问，是指监狱人民警察把需要调查的问题按照事物的发展顺序，由前到后、由表及里、环环相扣地逐一提问的方法。循序式提问一般适宜于两种情况：一是证据少或只有间接证据时；二是调查意图已经暴露无遗，无法掩护进攻时。例如，在调查中，监狱人民警察一开始先提问不重要的和已经查明结果的情况，或者是对罪犯没有实质意义的局部问题，然后再提出越来越重要的事实。这种问法，使得罪犯对事实的回忆与隐瞒事实的矛盾，受到监狱人民警察连续提问的制约。当其回答了前一个问题时，就必须回答后一个问题；如果肯定了提出的全部问题，就必须如实招供；如果做出伪供，就会出现矛盾，不能自圆其说。运用循序式提问方法，监狱人民警察事先要做好充分的准备，造成有计划、有目的的强大冲击，在与罪犯有关的人、地、时和物证问题上，多问细问；就罪犯一个问题的几个方面，或几个问题的诸多方面反复询问。在提问时，语气要坚定流畅，干净利落，语调要平直，语速要适中，目光要直视罪犯，以连珠炮似的发问造成一定的声势，不给其以喘息之机。

5. 命题式提问方法与技巧

命题式提问，是指监狱人民警察提出了一个方向明确、范围清楚的问题，令罪犯就指定内容做出详细供述的提问方法。命题式提问法适宜于下列 3 种情况：第一，在对罪犯提出一个新的问题时，令其在指定的范围内自行回答，然后对照已经掌握的证据材料，发现罪犯供述中的不实不尽之处，再进行有针对性的具体提问；第二，在对刚刚突破的重大问题，首要获得详细供述时，既为了让罪犯适宜放松、进行回忆和陈述，也为了避免由于监狱人民警察对某些细节掌握不清而暴露的弱点；第三，在询问一些只掌握线索但底数不明的问题时，因情况不明，无法采用一问一答的追问式提问，因而只能采用较为笼统的命题式提问方法。命题式提问可以是总命题式，如"你把你了解的情况再详细交代一遍。"也可以是分命题式，如"当晚回监舍后，你还干了些什么？"但一定要注意"点而不抛"的原则，指出方向，划定范围，而绝不是指名问供，乱抛证据材料。

运用命题式提问方法时，应注意表达技巧的运用，一是言辞要简单明确，不要过于刺激对方；二是语调要温和，语气语速要舒缓，创造出和谐的有利于罪犯供述的氛围，三是感情要诚挚，从面部表情和眼神上给罪犯以正直、真诚、可信的感觉，加深其对监狱人民警察的敬畏心理与依赖心情，积极配合，如实供述。

6. 跳跃式提问方法与技巧

跳跃式提问，是指监狱人民警察紧紧围绕案情实质问题，打乱思维逻辑顺序，以忽前忽后、忽东忽西的提问，使罪犯思维紊乱以至于防不胜防的提问方法。跳跃式提问适宜于下列2种情况：第一，罪犯对监狱人民警察所要追问的问题已有所心理准备，事先偏造好了假口供；第二，罪犯具有一定的反调查"经验"，运用常规性的询问难以奏效。运用跳跃式提问方法调查时，监狱人民警察要跳出罪犯构筑好的防御体系，避开其精心设防的环节，向其提出没有设防的问题。但所提问题必须保证有内在的联系性，即要按照一定的意图，分进合击，对此要把握的原则是：把通过跳跃式提问取得的零碎供述的真实情节串联起来，连同揭穿伪供后的真实供述，能够形成查明全案事实的完整供述。询问所依据的证据必须确实、有力，一旦案情有所突破，则应配合其他提问方法，及时获取真实供述，以巩固战果，防止翻供。

运用跳跃式提问方法时，监狱人民警察的语调与态势应有变化，凡是关键之处都应该使用重音。在调查过程中，案件的有关情节点其一下，关系不是很大的情节敲其一下。提出的问题从表面上看似乎杂乱无章，但使用的言辞是精炼准确的。当供述中的矛盾一经形成，则以犀利的言辞、果断的语气，戳穿其谎言，并将其供述的零散情节与线索进行归纳推理，以形成完整真实的供述。

7. 启发式提问方法与技巧

启发式提问，是指监狱人民警察针对罪犯记忆发生误差或拒供而采用的一种启发记忆与良知的提问方法。启发式提问适宜于下列两种情况：第一，罪犯对监狱人民警察询问的问题愿意如实回答，但由于记忆发生误差，对有些事实构成要求，诸如时间、地点、情节等供述不够准确时；第二，罪犯在对监狱人民警察询问的问题不愿如实回答，拒绝供述时。例如，盗窃同监舍舍友的财物以后只招供盗窃行为而不供认把人打伤的罪犯，监狱人民警察启发说："你再好好想想，除了盗窃还干什么了？人证物证可都有呢。你要如实交代罪行，认罪悔罪，这才是你的惟一出路。"寥寥数语，既给了罪犯心理压力，又揭穿了罪犯自欺欺人的心态，促使其如实供述还有打架的事实。在运用启发式提问方法时，监狱人民警察应使用循循善诱的言辞、热情真挚的手势和语气，给罪犯一种积极的思维影响，使其回心转意，萌发良知，为承认犯罪事实做好思想准备；或使其思想开窍，产生理智，正确地认识与对待客观事物。

8. 纵横式提问方法与技巧

纵横式提问，是指监狱人民警察为了获取罪犯对案情的详细供述，把提问按照案件纵向与横向发展排列顺序的提问方法。纵横式提问适宜于下列三种情况：一是在罪犯已经承认又犯错，但供述不彻底时；二是在验证供述的可靠性时；三是在发现供述中存在的矛盾时。该方法主要是运用事物的普遍联系，互相制约的规律，对每个问题从因到果、从果到因、从事到人、从人到事等，系统地、纵横交错地进行提问，步步追查事实的全过程，特别是注意获取罪犯自己才知道的事实与情节。这样，既可以发现罪犯供述中存在的矛盾，使一些不真实或不详尽的事实情节得到纠正和补记，形成准确完整的供述，又可以罪犯通过方方面面的联想，回忆起事实的相关情节进行彻底供述。同时，还可以深挖余罪，扩大战果。

运用纵横式提问方法，监狱人民警察的提问要有理有据，环环相扣，不给罪犯以平息之机；在深追细问时，要平静自如，不骄不躁。事先要设计好提问的顺序，将需要纵横提问的问题分散在其他问题之中，使罪犯在不知不觉之中陷入包围圈，准确完整地供述事实。

（二）监狱调查口才中应答的方法与技巧

1. 正面直接式应答方法与技巧

正面直接应答，是指监狱人民警察直截了当、语意明确地回答罪犯提出的问题与要求的一种应答方法。对罪犯提出的合理要求可以正面应许承诺；因对法律的无知误解而提出的疑问应正面进行解释说明；对其无理狡辩应进行义正辞严的抨击批驳；对其提出的无理要求要给予明确的否定拒绝。为了抑制罪犯的反调查心理，在运用该方法时要注重调查口才表达技巧的运用。监狱人民警察语气要坚决果断，干脆利落。例如，有的罪犯在调查中不但不交代自己的犯罪事实，反而故作惊讶："你们凭什么抓我？你们掌握了我什么证据？"在这种情况下，监狱人民警察不能急于出示证据，以免暴露自己的证据底细，而应针锋相对地直接回答："你自己干的事，你最清楚，我们也清楚，不然怎么会无缘无故地把你叫来问话？"，以此让罪犯明白，监狱人民警察已经掌握了证据，只有老实交代才是唯一出路。又如，罪犯妄图用谎言来推卸责任或无理取闹时，监狱人民警察可以对其的问题与要求坚决地予以揭露、反驳和拒绝，"我都好多天没睡好觉了，你们还讲不讲人性化？"监狱人民警察可以直截了当地予以反驳："你犯罪了还不向政府交代清楚，这能说是人性化吗？"

2. 侧面间接应答方法与技巧

侧面间接应答，是指监狱人民警察为了避开罪犯的正面纠缠，从侧面间接回答罪犯提出的问题与要求的一种应答方法。采用这种方法，要注意口语表达技巧的运用：一是要巧妙地改变原话题，以应对罪犯的反问或诘难，缓和可能出现的询问僵局。例如，罪犯在监狱人民警察出示证据后，破罐子破摔地向监狱人民警察发难："这事是我干的，这总可以了吧！"监狱人民警察此时就可以巧妙地进行错位应答，要求其交代具体情节："你承认了犯错了，表明了你的态度，这是个良好的开端，希望你继续讲下去。" 二是要巧妙地避开原话题，从侧面发出暗示，以增强监狱人民警察调查口才的威慑力与攻击力。例如，在调查中，罪犯说："不是我想害死他，是他让我掐的，不知你们把他救活了没有？"监狱人民警察应答说："你的事你自己最明白，对于被害人，我们无论如何都是要尽力抢救的。你说对方是自愿让你掐死的，我们也不能只听你一个人的嘛！"针对罪犯既想隐瞒杀人动机，把杀人说成被害人想自杀，又担心被害人被抢救过来的侥幸与畏罪心理，监狱人民警察运用双关语巧妙地避开了原话题，并给罪犯以暗示"我们不能只听你一个人的"，打消了其幻想。三是要巧妙地借用原话题，从正面应答罪犯提出的问题，以促使其打消顾虑，如实供述。例如，罪犯问："如果我交代了，政府能保证不加刑吗？"监狱人民警察应答说："如果你交代了全部事实，说明你的态度是好的，相信人民法院会依法从宽处理的。"这个应答，既可以使罪犯放下思想包袱如实交代问题，又不会在今后人民法院加刑时说监狱人民警察欺骗他，因为"依法从宽处理"并不等于不加刑。

3. 顺水推舟式应答方法与技巧

顺水推舟式应答，是监狱人民警察对罪犯提出的问题与要求，顺从其意，借题发挥给予应答，从而推动调查活动顺利进行的应答方法。这种应答方法，是利用罪犯言外之意、弦外之音，让其自己去领会、去分析，自己得出结论的方法。运用这种方法，一是利用罪犯提出的要求，迫使其放弃原来的意图或幻想。例如，在调查罪犯诈病要求就医时，监狱人民警察可以顺应其意予以应答："如果真有病的话，我们肯定会让你就医的，只是'心'病，医生能医得好吗？而且时间越长病就会越严重"。二是顺其话题推导出相反的结果。例如，罪犯在调查中说："我要求向监狱长直接交代问题，可以吗？"监狱人民警察可以顺应其话题进行应答："我们不但能够代表监狱长，而且能够代表国家执法机关，还是抓紧时间交代问题吧！"这样的应答有理有节，避开了罪犯的无理纠缠，使调查活动得以顺利进行下去。

4. 反道其身式应答方法与技巧

　　反道其身应答，是指监狱人民警察运用以问代答的方式，把罪犯提出的问题推还回去，变被动为主动，从而把握整个调查局势的应答方法。这种应答方法是监狱人民警察针对罪犯在调查中"以静观动""火力侦察"等反调查伎俩，采取反问法，令其作进一步的辩解和诘问，从谎言中抓住矛盾；或利用人证、物证揭露或戳穿其谎言，使其陷入不能自圆其说的境地；或在人证、物证迫使之下做出交代，尽管其还可能进一步说谎，但已陷入不可逃避之困境，最终原形毕露的方法，例如，在调查中罪犯问道："队长，我这次犯罪能判几年刑？"监狱人民警察反问道："你认为会判几年呢？"罪犯回答说："我没有想过。"监狱人民警察继续反问道："你既然没有想过，怎么会提出这个问题呢？我看等你把事实彻底交代清楚了，你就会知道了。" 面对一名相当狡猾的罪犯的问话，监狱人民警察两次把解答任务推给对方，反道其身，使其不但没有探察到监狱人民警察对案情的熟知程度与态度等底细，反而暴露了自身的薄弱点，为监狱人民警察的调查确定了突破口，使调查活动得以顺利进行下去。

　　在调查实践中，监狱人民警察应答的方法还有很多，如批驳阻让式应答、质疑抑制式应答、转移话题式应答、论辩说理式应答等等。上面提到的仅仅是主要的有代表性的常用的应答方法。另外，监狱人民警察运用各种应答方法与技巧都不是单一的，他们之间有交叉与折合现象，而且无主次无后的明显区别。再者，监狱人民警察运用各种应答技巧也是千差万别的，因此，监狱人民警察在调查口才的运用中，要根据、时间、环境等不同情况，充分发挥自己的特长和优势，扬长避短，灵活多样地运用各种调查口才的方法和技巧，使整个调查活动达到预期的目的。

第二节 对罪犯群体调查口才评析

一、对罪犯群体调查口才的技巧

对罪犯群体进行调查是监狱人民警察为了解、掌握罪犯各方面情况经常采用的方式，恰当地运用调查口才在罪犯群体中了解情况和问题，是取得调查成功的必备条件。

罪犯群体通常是在长期的监狱生活中，与罪犯当事人共同生产生活的人。他们熟悉罪犯当事人的日常活动内容，但本身与调查事件没有直接的利害关系，陈述的事实也不是调查事件的证据或与调查事件没有直接的联系，但有间接联系，从中可以发现调查事件的线索，或以此解决调查事件的疑点助于调查工作的顺利进展。

与罪犯群体谈话应掌握的语言策略有5种。

（一）缩短心理距离，提高谈话的效率

因为这类谈话属于"扫描式"调查，调查对象是不特定的罪犯群体，所以，谈话开始前应有必要的寒暄，注意寻找双方的共同点并加以利用，拉近双方的心理距离，在较短的时间内得到对方的好

感和信任，打开话匣子。和蔼的询问态度非常重要，它能促进双方的心理接触，缓和询问的紧张气氛，转变被询问者的消极态度。

（二）采用开放式问话方式

在对话中尽可能采用开放式问话方式，促其多说，一般不用限制性问话方式，不轻易打断对方。

（三）要有锲而不舍的坚持精神

在追问策略上，要有大海捞针般的投入和锲而不舍的坚持精神，做到腿勤、嘴勤，有了线索，紧追不放，穷尽一切线索的来源。询问应是反复多次的，但每次询问的时间不宜过长，要充分照顾对方的感受，用"不达目的不罢休"的诚意感动对方，使调查得以深入。

（四）采取集体询问的方式

必要时可以采取集体询问的方式，召开罪犯群体参加的分析会，在监狱人民警察的引导下，形成正确的共同舆论和集体感受，罪犯群体积极支持和配合，在讨论中发生共振，撞击火花，发现线索。

（五）要做好铺垫工作

对罪犯群体的调查，尤其是召开群体调查会，要做好铺垫工作，争取罪犯组长和积极分子的支持，使之顺利展开。

二、评析

某监狱在召开罪犯纪律大会之后，决定由各基层中队调集部分警察，通过在罪犯群体中广泛开展调查，掌握受惩罪犯和平时改造表现消极、落后的罪犯的现实思想动态与行为动向，以便进一步实施强大的教育攻势，扩大震慑及教育效果。各中队响应号召，有关警察积极相互配合，运用调查口才在罪犯群体中大力开展了各种规模的调查工作，掌握了上述罪犯的心态、表现和出现的新情况，为强化对其针对性教育，促进其加速改造，提供了充分的依据。

某中队警察按照大队的调查工作布置，在某日下午将本中队四名罪犯组长和三名罪犯改造积极分子召集到中队会议室，开始了一定范围的调查。

警察：纪律大会开了几天了，全中队的犯人都有一定反响，特别是张某和李某这次被加刑，反响更大，他们现在持什么态度，有些什么言论举动，你们和他俩天天劳动在一起，生活在一起，各方面情况比较清楚。

今天把你们召集到这里，就是要求你们能向政府如实地反映他们俩人的表现情况。谁想好了就先说。

（组长和积极分子相互扫视后，有的低头不语，有的在沉思，几分钟过去，却没有一人积极发言，调查处于冷场状态。）

警察：今天为什么找你们几个来参加调查会？因为政府相信你们。（语气委婉，言辞恳切）以前你们能认真改造自己，积极靠近政府，经常主动向警察反映情况，现在仍然能经受住考验，不要有任何顾虑，只要你们能把自己看到的、听到的，甚至他犯反映的情况，如实反映给政府，那就更显示出了自己在任何时候、任何情况下都能向政府靠拢，都在为自己的改造成绩增添新的内容。你们考虑了好一阵子，现在就积极发言，话长话短，说的不一定准都没关系，但一定将张、李二人的情况谈一谈，协助我们搞好调查。

组长甲：我先反映个情况。纪律大会召开完了那天晚上，我亲眼看到张某和李某在伙房后头的空地上交谈什么，说什么话我没听清，可觉得他们鬼鬼祟祟的，神色不对劲。

组长乙：我们组的孙某昨天跟我说，你们几个组长可要加小心，张某、李某可能要找你们的麻烦。听到这个情况我很警觉，正在暗中注意观察他们的举动，一有什么新情况，就赶紧向政府干部汇报。

警察：孙某是不是听到他俩说了什么？是否看到他俩有什么举动？你没仔细问一问？

组长乙：问了。但是他吱吱唔唔的说没什么，是我自己猜测的。从他的表情看，我觉得他可能知道点什么，只是不愿说破，或因怕事不敢说。

（警察将这一疑问记在本子上。）

积极分子甲：孙某和我也说过这类话，让我小心点。开完会到现在，我发现张某、李某始终情绪很低落，不愿和别人说话。一到休息时间，他俩就凑到一起嘀嘀咕咕，看样子是对加刑不满。

积极分子乙：不光是他俩，杨某、海某也都情绪不高，说什么可得小心了，不然下次该轮到他们加刑了。海某还说，队长一直看不上他，再咋干也是个落后，由他们整去吧。

警察：这话是你亲耳听到的？别人还有听到的没有？

积极分子乙：昨天午饭后休息时，我站在他们身旁亲耳听到的，当时王某几个人也在场。他们根本没理会谁听到听不到的。

（警察将这一情况认真记录下来，并提示继续发言）

积极分子丙：平时表现差的现在都老实了。韩某就说过，张某、李某的下场就是自己的一个黄牌，今后可得认真劳动，努力改造了。

组长丙：张某在我们组，这几天生产提不起劲儿来，总是磨磨蹭蹭的，我让他加快点速度，他还对我横，说我不要太张狂了，别落井下石，不然没好下场。

警察：说这话时，他的样子很凶吗？

组长丙：那到看不太出来，话是挺狠的。

组长丁：我看到的情况基本上和他的差不多，不过我没听到什么。

警察：大家谈了很多情况，很好。说明你们改造表现是积极的。今天说的这些问题，回去后不要向任何犯人透露。你们要提高警惕，观察张李二人的言论举止，一有情况立即向政府汇报。我们也要对他们立即加强教育，避免发生什么事故，你们也要在组里多作些开导教育工作。

好了,调查会就开到这里,大家回去吧。

【评析】

调查都是具有明确目的性的,要达到既定目的,不仅需要计划周密、主题明确、对象选准,而且方法必须得当。否则无法获得圆满的调查结果。

监狱召开纪律大会后,预见到受惩罪犯和改造表现差的罪犯思想会产生很大波动,必须深入调查,摸清情况,作为对罪犯深化教育的第一手材料,才能使教育改造突出针对性,进一步强化对罪犯的改造效应,防止奖惩之后可能出现的突发性事件。为此制定了全面调查的计划部署,层层抓落实。毫无疑问,这就为对罪犯群体进行调查提供了可靠保证。

中队在调查中,首批选中部分罪犯组长和改造积极分子作为调查对象,从中了解受惩罪犯张某、李某会后的表现情况,还扩展了解了其他平时改造表现差的罪犯在会后做出的反应,这是适当的。因为罪犯组长和改造积极分子平时就靠近政府,经常反映情况,此次调查必然能获得一些真实情况,或掌握一些扩大调查的线索,从而为深入调查打好了基础。

在调查过程中,中队警察开宗明义首先讲清了调查的主旨目标。这一开门见山的口语表达方法的运用,使调查对象思维限于一定的范围,利于思考、判明自己的口语表达的方向与内容。当调查开始陷入冷场时,警察则转而运用多方引导的口语表达方法,以"今天为什么找你们几个来参加调查会?因为政府相信你们!"短短一句话，表明了警察对调查对象的肯定性评价以及给予的莫大信任，进而坚定了他们如实反映情况的信心。尤其是警察所表达的"只要你们能将自己看到的、听到的、甚至他犯反映的情况如实反映给政府，那就更显示出了自己在任何时候、任何情况下都能向政府靠拢，都在为自己的改造成绩增添新的内容。"话虽短，意却深，沁人心脾，发人深省，致使调查罪犯会自然地将此次反映情况与自己的改造前途联系起来，认真对待调查。可见此言起到了启发其联想、急于表现自己的效果，从而打破了冷场，引出了调查对象积极反映情况的局面。

在调查过程中，警察穿插性的口语表达更是灵巧适时。穿插性口语表达不仅给人毫无混杂之感，反而备觉融洽和谐。正是穿插口语表达，使警察将需要了解的情况更加细致具体，调查的线索更为清晰，从而取得了初次调查的良好实效，也为以后的深入调查，弄清张、李二犯的全部思想行为表现以及其他改造表现差的罪犯思想状况，以便进一步加强针对性教育奠定了基础。该实例中，对罪犯群体的调查口才，言辞简洁明快，方法技巧运用得当，使得调查顺畅圆满，因而是值得肯定和借鉴的。

第三节 对知情罪犯调查口才评析

一、对知情罪犯调查口才的技巧

知情罪犯是指了解事件来龙去脉的全部或部分内情的罪犯，他们的陈述对调查事件的解决具有重要的意义，但他们不一定亲眼目睹调查事的发生经过。知情罪犯通常是与罪犯当事人关系密切的朋友、老乡、同监舍的舍友。他们知晓的情况，有些直接源自罪犯当事人本人的透露，有些则是间接来自其他知情罪犯的表述。因为他们与罪犯当事人有密切的关系，存在各种利益牵连，所以调查取证的困难要大于其他询问对象。调查之初，在监狱人民警察掌握材料和证据非常有限的情况下，宜采用间接询问的方式，物色合适的罪犯积极分子与之交谈。也可采取隐蔽身份的询问方法，从侧面了解情况，在较大的范围内收集资料。

对知情罪犯不同的配合态度，应区别对待，采取不同的语言策略。对积极配合的知情罪犯，应用肯定、热情的语态给予鼓励和支持，促使他们积极思考，进一步扩大战果；对于害怕报复的知情罪犯，在采取措施确保其人身安全的基础上，要用坚定、有力、不容怀疑、值得信赖的语气，向其说明专政机关和正义力量的强大，增强其抵制邪恶势力的信心，提高斗争的勇气；对知情不报的罪犯，要分析其具体情况，区别对待；对于怕受牵连的知情罪犯，应用策略性的语言，讲清利害关系，说明监狱"不会冤枉一个好人，也不会放过一个坏人"的决心，打消其顾虑；对于重哥们义气的知情罪犯，重在破除对团伙的糊涂认识和依赖心理，列举大量的"哥们义气害死人"的生动案例，使其认识团伙的危害，自觉与团伙、与旧我决裂；对怀有敌意的知情罪犯，重在寻找原因，用真诚去感化，用正义去召唤，消除对立情绪，转变错误立场。

二、评析

某监狱人民警察，接到了罪犯黄某揭发本队罪犯严某经常喝酒的举报信。

晚间，在中队警察"碰头"会上，警察介绍了这一情况，并要求与会警察认真进行分析，有的警察提出了疑问："严某的亲友已几个月未来探视，况且其家境贫寒，哪能有钱买酒呢？他又是怎么越出警戒区到外面弄的酒呢？"有的警察分析说："严某是个农村人，家里贫困，他的亲属以前来探视的时候，只是送给他少量食品、用品，不可能私下给他钱款。他前科是因和人打架犯了伤害罪，去偷酒的可能性也不大"。也有的警察认为："如果严某喝酒情况属实，确系严重违反监规纪律行为，应当予以严肃处理。但严某是个人喝酒，还是伙同他犯一起喝酒？有否可能是他犯弄来的酒？应查清情况背景"。警察集中大家的分析意见，感到这绝非是简单的喝酒一件事，在其背后可能存在着更为严重的隐患，必须立即抓紧时间进行调查，防止事态蔓延。

警察决定亲自出马，先从第一知情人黄某入手调查，抓到线索，顺藤摸瓜，其他警察密切配合，查清此事原委，然后妥善进行处理。

清晨，罪犯出工时，警察留下了黄某，在自己的办公室同黄某进行了调查谈话。

警察：举报信我已经看过了。你能大胆地同违法违纪行为作斗争，这一点是值得表扬的。今天找你，是希望你能把知道的情况详细说一说。

黄某：我就知道严某喝酒的事，别的事我不清楚。

警察：那咱们就谈严某喝酒的事。你是怎么发现严某喝酒的？（表情祥和，语调温婉）

黄某：我和严某挨着睡觉，警察是知道的。最近几天，一到晚上睡觉我就闻到他身上有一股酒味，我注意上他了。前天，我看到他和某中队的一个犯人鬼鬼祟祟钻进伙房后的死胡同里，就偷偷跟了过去，不一会功夫，就看见他们喝起酒来，还吃着什么。

警察：某中队的那个犯人是谁？你看清了没有？（探询的语气）

黄某：我....好像没看清。（表情有些紧张，言辞吱唔，

语调轻缓)

　　警察：你好像害怕什么，有政府支持你，你大胆地说，谁也不敢把你怎么样。你要抓住这一表现自己的机会呀。(语重心长，表情和蔼)

　　黄某：是某中队的贺某，他和严某是同乡，平时谁也不敢惹他，听说他因盗窃伤人进来的，个儿大力气大，手很黑…

　　警察：严某和贺某经常来往吗？

　　黄某：经常来往，我看到多少次了。严某刚进来的时候就爱走监串号，以前的刘队长为这事没少批评他，还差点儿没给他处分，他可能很早就认识贺某。

　　警察：你知不知道这酒是从哪弄来的？

　　黄某：很可能是贺某弄来的。

　　警察：你为什么这样说呢？

　　黄某：贺某家里有钱，经常给他卡里打钱，几千几千的打。

　　警察：监狱里没有酒，有钱也买不来。你知道贺某从哪弄的酒？

　　黄某：好像是监狱送菜的司机带进来的

　　警察：你看到了？

　　黄某：没看仔细，见过新来的司机和贺某见面，鬼鬼祟祟的。

　　警察：除你之外，别人还有没有看见严某喝酒的？

黄某：也有人说过。叶某说过严某胆子真大，敢弄酒喝，费某也说过闻到过严某身上有酒味儿。

警察：什么时候听到的？

黄某：就是我发现他们喝酒时的前一、两天。

警察：好，今天就谈到这里吧。回去后不要向其他罪犯说这些事，你也不要怕他们，多注意一些黄某的举动，政府支持你，情况属实的话，我们要对你进行表扬。

黄某：谢谢队长，但是最好不要让人知道是我汇报的。

警察：你要相信正义的力量、相信法律、相信警察！敢于同违法违纪行为斗争，这是对你们的起码要求，也是你们改造的良好表现，是值得每个犯人学习的。做好事不应怕被别人知道。（激励的语气，语调高而有力）

黄某：我记住了，我不害怕了。

警察：回去吧。（语气温和）

【评析】

调查需要有一个好的开头，也要有一个完满的结尾。该例中的警察以简明的言辞表达了找黄某谈话的要旨，并以含蓄的"同违法违纪行为作斗争"一句话，隐含了不仅要查清严某喝酒的事实真相，而且要弄清其背景，这就为调查谈话的展开打好了铺垫。

在调查进行中，警察顺黄某话意把调查内容先集中弄清，严某是否真的喝了酒。在掌握了真实情况后，以其艺术性的口语表达将黄某的答询引入严某喝酒背景的轨道，既自然又和谐。通篇调查，双方话语不多,但句句围绕着调查主题进行。经过警察细问反复问的口语表达技巧,顺序性询问,不仅扩大了调查线索,而且将黄某知道的情况问得翔实清楚,达到了弄清事实,顺藤摸瓜,为对其他知情罪犯进行调查,查明隐患提供可靠依据的目的。

  该例中的警察,既运用了调查口才表达方法技巧开展调查,又以慰勉性谈话的口才表达,对黄某进行思想教育,将教育寓于调查之中。在坚定黄某同违法违纪行为敢于斗争的谈话教育中结束了调查,从而使调查获得了完满的结果。

  虽然警察的询问及教育的话语简短,但口才方法技巧运用得当,是值得肯定的成功调查实例。

第四节 对罪犯当事人调查口才评析

一、对罪犯当事人调查口才的技巧

罪犯当事人是监狱人民警察进行调查时,在众多的排查对象中最后确定的重点嫌疑人。但这种嫌疑人不同于犯罪嫌疑人,监狱人民警察虽掌握事实,并没有对外公开,而且他们的主要事实还未查清,监狱也未对他们采取人身强制措施,所以谈话是在完全自由的情况下进行的。"隐己露彼"是调查罪犯当事人的基本语言策略。监狱人民警察在与这类对象的谈话中,语言要格外谨慎,不要将自己的询问意图和个性特点暴露在对方面前,防止让对方掌握主动。监狱人民警察要非常有策略地谈及一些事实,让罪犯当事人参与评价,从中发现罪犯当事人的思想顾虑和个性特征,使某些推断得以印证。

由于罪犯当事人对待询问普遍存在敏感而复杂的心理状态,在询问时,要特别注意语言方式,否则轻者出现戒备和冷场,重则打草惊蛇。如果用其他途径能够查清案件主要事实,就尽量不要惊动罪犯当事人;能够用间接询问方式解决问题的,也尽量不必采用直接询问方式。询问罪犯当事人的主要任务是澄清某些事实或发现新线索、新疑点。询问时，应尽可能让他们感觉到自己是一般证人而已，并非受调查对象。因为他们一旦意识到被警方怀疑时，其心态就会扭曲，变得很不自然，深感委屈、急于表白、愤怒不满、沉默寡言等反应，有些对立思想严重，导致询问工作无法进行。另一方面，那些真正犯错的罪犯当事人一旦察觉自己已经涉嫌，就会高度戒备。在畏罪心理的作用下，在陈述案情时就会避重就轻，佯装不知，甚至避而不答，编造伪证，使监狱人民警察丧失了本来可以得到的有价值的材料。如果罪犯当事人出现这些情况，监狱人民警察就应当及时变换语言策略，用调查口才的某些攻克要害的语言方式应对之。如，迂回曲直法和直逼对象法交替为用，敲山震虎、钳制其精神、利用矛盾、追根究底。对这类询问主体，要强调语气和音量，体现出攻坚的力度，切忌细声细气，用词卑谦。

二、评析

某监狱罪犯马某，于某日晚间就寝前，将一盆洗脚水泼在监舍门前，当即受到犯人值星员的批评，告诫其以后要将脏水倒入厕所。马犯反唇相讥，称值星员是"狗咬耗子多管闲事"。当值星员再次对其批评时，马犯突然扑过去，左手抓住值星员的衣领，右手打了一耳光，当其还要打时，被值星员抓住双臂推倒在地，马犯的头撞在地上，衣裤都沾上了脏水。马犯从地上爬起，又扑向值星员时，被其他犯人拉开，当夜无事。

第二天早晨出工后，马犯感到自己吃了亏，便采取"恶人先告状"的伎俩，到中队办公室，向警察汇报说："昨天晚上，因其不小心将洗脚水洒在监舍门口，便被值星员连踢带打，打倒在地。为此，要求政府对这个牢头狱霸给予严惩！"

警察令马犯回去后，立即分别找来犯人值星员及当时在场的其他犯人，详细了解了马犯"被打"的真实情况。其中有的犯人还证实说，包括值星员在内，已有五、六名罪犯因批评马犯的违纪行为而遭其漫骂。警察遂决定以处理此事为契机，给马犯以深刻教育。

在向马犯进一步查向事情真相的过程中，由于该警察较好地发挥了其口才的作用，终使马犯心服口服，承认所犯错误。

当天晚上，犯人学习结束后，警察把马犯找到中队警察值班室。

警察：马某，你早上向我反映的问题，我又向其他犯人了解了一下，和你讲的有点出入哇。（表情严肃，语调平缓）

马犯：出入？有什么出入？（语气中明显流露出不满）

警察：这正是我要问你的。（语气坚定有力，目光变得冷峻）

马犯：反正我是如实反映，我说的没有一点儿出入！（态度变得强硬）

警察：有没有出入一会儿再说。首先，在你的作法儿中有一点是应当肯定的：那就是你同值星员发生冲突之后，没有继续纠缠，而是及时将情况向我们汇报，请求政府给予解决。这说明你的改造有进步嘛。(边说边用赞许的目光看着马犯,马犯的脸色逐渐开朗起来,露出似笑非笑的表情)不过,既然要反映情况,就应当实事求是,实事求是才有助于问题的顺利解决,你说是不是?(语气减和,表情变得严肃)

　　马犯:那是。可我……我是实事求是的。(神情又变得紧张,且故作委屈状)

　　警察:你想实事求是,这是可能的。但是,人在气愤之下,是很容易说一些过头话,甚至夸大其辞或歪曲事实的。你说呢?(用信任、期待和考察的目光盯视马犯)

　　马犯:我……(脸色胀红,嗫嚅着,不置可否)

　　警察:马某,你跟值星员吵架以后没睡好觉吧?(马犯下意识地揉了揉眼睛,点头称是)现在怎么样,你的头脑冷静很多了吧?(马犯再次点头称是)

　　上午,我找值星员谈,开始他也很气愤、很不冷静。后来,我批评了他,要求他以积极犯人的标准来衡量和检查自己。他认真检讨了在和你冲突的过程中,确实存在态度生硬、没作耐心解释,还骂你是"臭无赖",并且最后还把你推倒了等一系列错误。他还准备就这些错误向你道歉。你认为,他的态度诚恳不诚恳?(仍以信任和期待的口气问道,马犯咬着下唇又点头称是)

　　那好,现在我希望你也能以冷静、诚恳、实事求是的态度,重新回忆一下你跟值星员冲突的起因吧。(神态和语

调平和，目光中透出鼓励和信任)

马犯：是我不对，我把一盆儿洗脚水都倒在监舍门口了。(说完，如释重负地吁了一口气)

警察：不是洒的吗?

马犯：不，是倒的、泼的。(难为情地笑了一下)

警察：那就是你不对了，值星员应该批评你呀。(表情稍稍变得严肃)

马犯：是，可他……

警察：是的，他没有注意批评的态度和方式，这是他的不足。不过，你不接受他的批评，仅仅是由于他的态度吗?

马犯：(稍迟疑了一下，遂坦诚直言)不光是态度的事儿。平时，他就总管我、说我，我有点儿烦他，就故意顶他、气他。

警察：(满意地点点头)马某，你能开诚布公地说出心里话，这很难得。可是，是非得分清。你认为，平时值星员或其他犯人，不应该管你、说你吗?当然，前提是你违犯了监规纪律，或有其他的错误。

马犯：我……(用手挠着头思索了一下，遂下决心答道)我觉得，我们犯人，有政府干部管就行了。我们之间睁只眼，闭只眼就算了，哪能再"猪八戒啃猪爪"呢!

警察：(语速加快，语气加重)你这种认识就错误了。犯人之间互相监督、互相帮助，是每一个犯人都应当认真履行的义务，是识别一个犯人是真改造，还是假改造、或反改造的重要标志。而且，这也是矫正你们的犯罪思想与恶习，维护良好改造秩序的需要。因为政府干部不可能总是和你们在一起。只有犯人之间朝夕相处，了解得最深、最多。你说，是不是这么个道理？

马犯：（诚恳地）是！我过去没往这方面想。

警察：（表情亲切，语气关切）只要你真心接受改造，真心靠近政府，你就不仅会自觉接受别人的监督、帮助，而且，还会主动、大胆地去监督和帮助别的犯人。

马犯：（神情激动，郑重地表示）报告队长，我一定按您的要求去办。

警察：那好哇！（目光亲切，并流露出赞许）对了，马某，你是不是把你们冲突的经过继续谈完了。

马犯：报告队长，其实我俩的冲突主要怪我。从头至尾，值星员除了说我那句"臭无赖"再没骂过我一句，没打过我一下。后来，是我扇他嘴巴，他实在气急了，才把我推到了。队长，要批评您就批评我吧。

警察：（面带微笑）不，你能正确认识自己的错误，这就是你改正错误的开始，就是你进步的实际表现。在这一点上，我还应该表扬你呢！你抓紧时间跟值星员交换一下意见吧。

马犯：（喜形于色）是，我马上就去。

【评析】

该警察根据马犯汇报的情况，对其他知情罪犯又作了深入的调查之后，已清楚觉察到马犯的汇报属于"恶人先告状"，而且所告内容也多系歪曲事实，属"告黑状"。显然，对马犯的行为应加以严厉批评。但警察考虑到马犯也明知其所作汇报不会被轻易相信，在警察了解事情真相后必然要对其批评，而马犯也决不会轻易接受批评，很可能出现对立僵持局面。因此，为避免上述不良谈话结果的出现，警察在以几句批评性言辞给马犯施加了一定的心理压力并产生了抵制性情绪反应之后，便及时调整了谈话的内容和方式，转而肯定了马犯优点，即能够主动求助警察解决他与值星员的冲突，而对于马某这类流氓惯犯来说，与别人吵架吃了亏，丢了面子，通常总是要纠缠不休、千方百计找回便宜才能住手，这已成为他们的规律性行为方式。现在，马某改变了这一行为方式，将其作为一个优点来肯定也是合乎情理的。因而马犯对此虽然大感意外，但又能够接受，由此受到了激励，使之对警察后来的批评教育产生了顺应性心理意向。这正显示了该警察在与罪犯谈话中善于审时度势，善于欲擒故纵，欲抑先扬的口才谋略性。

在马犯对警察的调查谈话产生积极反应的基础上，警察又进一步让马犯了解到，他对值星员的批评，以及值星员承认错误和准备向马犯道歉的诚意，表明了警察处理问题是非分明，奖罚分明的公正性，由此启发、激励马犯进行自我反省，检讨个人错误，如实反映了与值星员冲突的事实真相。这也体现了该警察在调查口才的运用上具有高超的诱导性和疏导性。

此外,该警察的调查口才运用值得借鉴之处,还在于他对罪犯的教育,既注重以鼓励为主,同时对其缺点、错误又决不姑息迁就的态度。通观与马犯的谈话过程,对马犯的批评时时可见:如在肯定马犯能主动求助警察的作法之后,随即指出其"既要反映情况,就应当实事求是……";在马犯主动纠正自己原来的说法,承认自己把脏水泼在监舍门口后,警察立即指出"那就是你不对了"直至最后要求马犯去找值星员交换意见等,都鲜明地体现了该警察在解决矛盾、教育罪犯方面既具较强的灵活性,又不失坚定的原则性。

警察善于根据罪犯情绪态度的变化,施以相应的教育内容与方法,所体现的应变性,不拘泥于就事论事,善于借题发挥,使马犯在"罪犯应作好互相监督,并自觉接受监督"方面受到深刻教育,从而体现出该警察调查口才的说理性,以及在态势、语调,语速运用上所体现的协调性,均值得我们认真学习。

附录

中华人民共和国监狱法

（1994年12月29日第八届全国人民代表大会常务委员会第十一次会议通过，1994年12月29日中华人民共和国主席令第三十五号公布施行；2012年10月26日第十一届全国人民代表大会常务委员会第二十九次会议通过修改的决定，2012年10月26日中华人民共和国主席令第六十三号公布，自2013年1月1日起施行）

第一章 总则

第一条 为了正确执行刑罚，惩罚和改造罪犯，预防和减少犯罪，根据宪法，制定本法。

第二条 监狱是国家的刑罚执行机关。

依照刑法和刑事诉讼法的规定，被判处死刑缓期二年执行、无期徒刑、有期徒刑的罪犯，在监狱内执行刑罚。

第三条 监狱对罪犯实行惩罚和改造相结合、教育和劳动相结合的原则，将罪犯改造成为守法公民。

第四条 监狱对罪犯应当依法监管，根据改造罪犯的需要，组织罪犯从事生产劳动，对罪犯进行思想教育、文化教育、技术教育。

第五条 监狱的人民警察依法管理监狱、执行刑罚、对罪犯进行教育改造等活动，受法律保护。

第六条 人民检察院对监狱执行刑罚的活动是否合法，依法实行监督。

第七条 罪犯的人格不受侮辱，其人身安全、合法财产和辩护、申诉、控告、检举以及其他未被依法剥夺或者限制的权利不受侵犯。

罪犯必须严格遵守法律、法规和监规纪律，服从管理，接受教育，参加劳动。

第八条 国家保障监狱改造罪犯所需经费。监狱的人民警察经费、罪犯改造经费、罪犯生活费、狱政设施经费及其他专项经费，列入国家预算。

国家提供罪犯劳动必需的生产设施和生产经费。

第九条 监狱依法使用的土地、矿产资源和其他自然资源以及监狱的财产，受法律保护，任何组织或者个人不得侵占、破坏。

第十条 国务院司法行政部门主管全国的监狱工作。

第二章 监狱

第十一条 监狱的设置、撤销、迁移，由国务院司法行政部门批准。

第十二条 监狱设监狱长一人，副监狱长若干人，并根据实际需要设置必要的工作机构和配备其他监狱管理人员。

监狱的管理人员是人民警察。

第十三条 监狱的人民警察应当严格遵守宪法和法律，忠于职守，秉公执法，严守纪律，清正廉洁。

第十四条 监狱的人民警察不得有下列行为：

（一）索要、收受、侵占罪犯及其亲属的财物；

（二）私放罪犯或者玩忽职守造成罪犯脱逃；

（三）刑讯逼供或者体罚、虐待罪犯；

（四）侮辱罪犯的人格；

（五）殴打或者纵容他人殴打罪犯；

（六）为谋取私利，利用罪犯提供劳务；

（七）违反规定，私自为罪犯传递信件或者物品；

（八）非法将监管罪犯的职权交予他人行使；

（九）其他违法行为。

监狱的人民警察有前款所列行为，构成犯罪的，依法追究刑事责任；尚未构成犯罪的，应当予以行政处分。

第三章 刑罚的执行

第一节 收监

第十五条 人民法院对被判处死刑缓期二年执行、无期徒刑、有期徒刑的罪犯，应当将执行通知书、判决书送达羁押该罪犯的公安机关，公安机关应当自收到执行通知书、判决书之日起一个月内将该罪犯送交监狱执行刑罚。

罪犯在被交付执行刑罚前，剩余刑期在三个月以下的，由看守所代为执行。

第十六条 罪犯被交付执行刑罚时，交付执行的人民法院应当将人民检察院的起诉书副本、人民法院的判决书、执行通知书、结案登记表同时送达监狱。监狱没有收到上述文件的，不得收监；上述文件不齐全或者记载有误的，作出生效判决的人民法院应当及时补充齐全或者作出更正；对其中可能导致错误收监的，不予收监。

第十七条 监狱应当对交付执行刑罚的罪犯进行身体检查。经检查，被判处无期徒刑、有期徒刑的罪犯有下列情形之一的，可以暂不收监：

（一）有严重疾病需要保外就医的；

（二）怀孕或者正在哺乳自己婴儿的妇女。

对前款所列暂不收监的罪犯，应当由交付执行的人民法院决定暂予监外执行。对其中暂予监外执行有社会危险性的，应当收监。暂予监外执行的罪犯，由居住地公安机关执行刑罚。前款所列暂不收监的情形消失后，原判刑期尚未执行完毕的罪犯，由公安机关送交监狱收监。

第十八条 罪犯收监，应当严格检查其人身和所携带的物品。非生活必需品，由监狱代为保管或者征得罪犯同意退回其家属，违禁品予以没收。

女犯由女性人民警察检查。

第十九条 罪犯不得携带子女在监内服刑。

第二十条 罪犯收监后，监狱应当通知罪犯家属。通知书应当自收监之日起五日内发出。

第二节 对罪犯提出的申诉、控告、检举的处理

第二十一条 罪犯对生效的判决不服的，可以提出申诉。对于罪犯的申诉，人民检察院或者人民法院应当及时处理。

第二十二条 对罪犯提出的控告、检举材料，监狱应当及时处理或者转送公安机关或者人民检察院处理，公安机关或者人民检察院应当将处理结果通知监狱。

第二十三条 罪犯的申诉、控告、检举材料，监狱应当及时转递，不得扣压。

第二十四条 监狱在执行刑罚过程中,根据罪犯的申诉,认为判决可能有错误的,应当提请人民检察院或者人民法院处理,人民检察院或者人民法院应当自收到监狱提请处理意见书之日起六个月内将处理结果通知监狱。

第三节 监外执行

第二十五条 对于被判处无期徒刑、有期徒刑在监内服刑的罪犯,符合刑事诉讼法规定的监外执行条件的,可以暂予监外执行。

第二十六条 暂予监外执行,由监狱提出书面意见,报省、自治区、直辖市监狱管理机关批准。批准机关应当将批准的暂予监外执行决定通知公安机关和原判人民法院,并抄送人民检察院。

人民检察院认为对罪犯适用暂予监外执行不当的,应当自接到通知之日起一个月内将书面意见送交批准暂予监外执行的机关,批准暂予监外执行的机关接到人民检察院的书面意见后,应当立即对该决定进行重新核查。

第二十七条 对暂予监外执行的罪犯,依法实行社区矫正,由社区矫正机构负责执行。原关押监狱应当及时将罪犯在监内改造情况通报负责执行的社区矫正机构。

第二十八条 暂予监外执行的罪犯具有刑事诉讼法规定的应当收监的情形的,社区矫正机构应当及时通知监狱收监;刑期届满的,由原关押监狱办理释放手续。罪犯在暂予监外执行期间死亡的,社区矫正机构应当及时通知原关押监狱。

第四节 减刑、假释

第二十九条 被判处无期徒刑、有期徒刑的罪犯,在服刑期间确有悔改或者立功表现的，根据监狱考核的结果，可以减刑。有下列重大立功表现之一的，应当减刑：

（一）阻止他人重大犯罪活动的；

（二）检举监狱内外重大犯罪活动，经查证属实的；

（三）有发明创造或者重大技术革新的；

（四）在日常生产、生活中舍己救人的；

（五）在抗御自然灾害或者排除重大事故中，有突出表现的；

（六）对国家和社会有其他重大贡献的。

第三十条　减刑建议由监狱向人民法院提出，人民法院应当自收到减刑建议书之日起一个月内予以审核裁定；案情复杂或者情况特殊的，可以延长一个月。减刑裁定的副本应当抄送人民检察院。

第三十一条　被判处死刑缓期二年执行的罪犯，在死刑缓期执行期间，符合法律规定的减为无期徒刑、有期徒刑条件的，二年期满时，所在监狱应当及时提出减刑建议，报经省、自治区、直辖市监狱管理机关审核后，提请高级人民法院裁定。

第三十二条　被判处无期徒刑、有期徒刑的罪犯，符合法律规定的假释条件的，由监狱根据考核结果向人民法院提出假释建议，人民法院应当自收到假释建议书之日起一个月内予以审核裁定；案情复杂或者情况特殊的，可以延长一个月。假释裁定的副本应当抄送人民检察院。

第三十三条　人民法院裁定假释的，监狱应当按期假释并发给假释证明书。

对被假释的罪犯,依法实行社区矫正,由社区矫正机构负责执行。

被假释的罪犯，在假释考验期限内有违反法律、行政法规或者国务院有关部门关于假释的监督管理规定的行为，尚未构成新的犯罪的，社区矫正机构应当向人民法院提出撤销假释的建议，人民法院应当自收到撤销假释建议书之日起一个月内予以审核裁定。人民法院裁定撤销假释的，由公安机关将罪犯送交监狱收监。

第三十四条 对不符合法律规定的减刑、假释条件的罪犯，不得以任何理由将其减刑、假释。

人民检察院认为人民法院减刑、假释的裁定不当，应当依照刑事诉讼法规定的期间向人民法院提出书面纠正意见。对于人民检察院提出书面纠正意见的案件，人民法院应当重新审理。

第五节 释放和安置

第三十五条 罪犯服刑期满，监狱应当按期释放并发给释放证明书。

第三十六条 罪犯释放后，公安机关凭释放证明书办理户籍登记。

第三十七条 对刑满释放人员，当地人民政府帮助其安置生活。

刑满释放人员丧失劳动能力又无法定赡养人、扶养人和基本生活来源的，由当地人民政府予以救济。

第三十八条 刑满释放人员依法享有与其他公民平等的权利。

第四章 狱政管理

第一节 分押分管

第三十九条 监狱对成年男犯、女犯和未成年犯实行分开关押和管理，对未成年犯和女犯的改造，应当照顾其生理、心理特点。

监狱根据罪犯的犯罪类型、刑罚种类、刑期、改造表现等情况，对罪犯实行分别关押，采取不同方式管理。

第四十条　女犯由女性人民警察直接管理。

第二节　警戒

第四十一条　监狱的武装警戒由人民武装警察部队负责，具体办法由国务院、中央军事委员会规定。

第四十二条　监狱发现在押罪犯脱逃，应当即时将其抓获，不能即时抓获的，应当立即通知公安机关，由公安机关负责追捕，监狱密切配合。

第四十三条　监狱根据监管需要，设立警戒设施。监狱周围设警戒隔离带，未经准许，任何人不得进入。

第四十四条　监区、作业区周围的机关、团体、企业事业单位和基层组织，应当协助监狱做好安全警戒工作。

第三节　戒具和武器的使用

第四十五条　监狱遇有下列情形之一的，可以使用戒具：

（一）罪犯有脱逃行为的；

（二）罪犯有使用暴力行为的；

（三）罪犯正在押解途中的；

（四）罪犯有其他危险行为需要采取防范措施的。

前款所列情形消失后，应当停止使用戒具。

第四十六条　人民警察和人民武装警察部队的执勤人员遇有下列情形之一，非使用武器不能制止的，按照国家有关规定，可以使用武器：

（一）罪犯聚众骚乱、暴乱的；

（二）罪犯脱逃或者拒捕的；

（三）罪犯持有凶器或者其他危险物，正在行凶或者破坏，危及他人生命、财产安全的；

（四）劫夺罪犯的；

（五）罪犯抢夺武器的。

使用武器的人员，应当按照国家有关规定报告情况。

第四节 通信、会见

第四十七条 罪犯在服刑期间可以与他人通信，但是来往信件应当经过监狱检查。监狱发现有碍罪犯改造内容的信件，可以扣留。罪犯写给监狱的上级机关和司法机关的信件，不受检查。

第四十八条 罪犯在监狱服刑期间，按照规定，可以会见亲属、监护人。

第四十九条 罪犯收受物品和钱款，应当经监狱批准、检查。

第五节 生活、卫生

第五十条 罪犯的生活标准按实物量计算，由国家规定。

第五十一条 罪犯的被服由监狱统一配发。

第五十二条 对少数民族罪犯的特殊生活习惯，应当予以照顾。

第五十三条 罪犯居住的监舍应当坚固、通风、透光、清洁、保暖。

第五十四条 监狱应当设立医疗机构和生活、卫生设施，建立罪犯生活、卫生制度。罪犯的医疗保健列入监狱所在地区的卫生、防疫计划。

第五十五条 罪犯在服刑期间死亡的，监狱应当立即通知罪犯家属和人民检察院、人民法院。罪犯因病死亡的，由监狱作出医疗鉴定。

人民检察院对监狱的医疗鉴定有疑义的，可以重新对死亡原因作出鉴定。罪犯家属有疑义的，可以向人民检察院提出。罪犯非正常死亡的，人民检察院应当立即检验，对死亡原因作出鉴定。

第六节　奖惩

第五十六条　监狱应当建立罪犯的日常考核制度，考核的结果作为对罪犯奖励和处罚的依据。

第五十七条　罪犯有下列情形之一的，监狱可以给予表扬、物质奖励或者记功：

（一）遵守监规纪律，努力学习，积极劳动，有认罪伏法表现的；

（二）阻止违法犯罪活动的；

（三）超额完成生产任务的；

（四）节约原材料或者爱护公物，有成绩的；

（五）进行技术革新或者传授生产技术，有一定成效的；

（六）在防止或者消除灾害事故中作出一定贡献的；

（七）对国家和社会有其他贡献的。

被判处有期徒刑的罪犯有前款所列情形之一，执行原判刑期二分之一以上，在服刑期间一贯表现好，离开监狱不致再危害社会的，监狱可以根据情况准其离监探亲。

第五十八条　罪犯有下列破坏监管秩序情形之一的，监狱可以给予警告、记过或者禁闭：

（一）聚众哄闹监狱，扰乱正常秩序的；

（二）辱骂或者殴打人民警察的；

（三）欺压其他罪犯的；

（四）偷窃、赌博、打架斗殴、寻衅滋事的；

（五）有劳动能力拒不参加劳动或者消极怠工，经教育不改的；

（六）以自伤、自残手段逃避劳动的；

（七）在生产劳动中故意违反操作规程，或者有意损坏生产工具的；

（八）有违反监规纪律的其他行为的。

依照前款规定对罪犯实行禁闭的期限为七天至十五天。

罪犯在服刑期间有第一款所列行为，构成犯罪的，依法追究刑事责任。

第七节　对罪犯服刑期间犯罪的处理

第五十九条　罪犯在服刑期间故意犯罪的，依法从重处罚。

第六十条　对罪犯在监狱内犯罪的案件，由监狱进行侦查。侦查终结后，写出起诉意见书，连同案卷材料、证据一并移送人民检察院。

第五章　对罪犯的教育改造

第六十一条　教育改造罪犯，实行因人施教、分类教育、以理服人的原则，采取集体教育与个别教育相结合、狱内教育与社会教育相结合的方法。

第六十二条　监狱应当对罪犯进行法制、道德、形势、政策、前途等内容的思想教育。

第六十三条　监狱应当根据不同情况，对罪犯进行扫盲教育、初等教育和初级中等教育，经考试合格的，由教育部门发给相应的学业证书。

第六十四条　监狱应当根据监狱生产和罪犯释放后就业的需要，

对罪犯进行职业技术教育，经考核合格的，由劳动部门发给相应的技术等级证书。

第六十五条　监狱鼓励罪犯自学，经考试合格的，由有关部门发给相应的证书。

第六十六条　罪犯的文化和职业技术教育，应当列入所在地区教育规划。监狱应当设立教室、图书阅览室等必要的教育设施。

第六十七条　监狱应当组织罪犯开展适当的体育活动和文化娱乐活动。

第六十八条　国家机关、社会团体、部队、企业事业单位和社会各界人士以及罪犯的亲属，应当协助监狱做好对罪犯的教育改造工作。

第六十九条　有劳动能力的罪犯，必须参加劳动。

第七十条　监狱根据罪犯的个人情况，合理组织劳动，使其矫正恶习，养成劳动习惯，学会生产技能，并为释放后就业创造条件。

第七十一条　监狱对罪犯的劳动时间，参照国家有关劳动工时的规定执行；在季节性生产等特殊情况下，可以调整劳动时间。

罪犯有在法定节日和休息日休息的权利。

第七十二条　监狱对参加劳动的罪犯，应当按照有关规定给予报酬并执行国家有关劳动保护的规定。

第七十三条　罪犯在劳动中致伤、致残或者死亡的，由监狱参照国家劳动保险的有关规定处理。

第六章　对未成年犯的教育改造

第七十四条　对未成年犯应当在未成年犯管教所执行刑罚。

第七十五条 对未成年犯执行刑罚应当以教育改造为主。未成年犯的劳动，应当符合未成年人的特点，以学习文化和生产技能为主。

监狱应当配合国家、社会、学校等教育机构，为未成年犯接受义务教育提供必要的条件。

第七十六条 未成年犯年满十八周岁时，剩余刑期不超过二年的，仍可以留在未成年犯管教所执行剩余刑期。

第七十七条 对未成年犯的管理和教育改造，本章未作规定的，适用本法的有关规定。

第七章　附则

第七十八条 本法自公布之日起施行。

监狱教育改造工作规定

(中华人民共和国司法部令第 79 号)

第一章　总则

第一条　为了规范监狱教育改造工作，提高教育改造质量，根据《中华人民共和国监狱法》和有关法律、法规的规定，结合监狱教育改造工作实际，制定本规定。

第二条　监狱教育改造工作是刑罚执行活动的重要组成部分，是改造罪犯的基本手段之一，是监狱工作法制化、科学化、社会化的重要体现，贯穿于监狱工作的全过程。

第三条　监狱教育改造工作的任务，是通过各种有效的途径和方法，教育罪犯认罪悔罪，自觉接受改造，增强法律意识和道德素养，掌握一定的文化知识和劳动技能，将其改造成为守法公民。

第四条　监狱教育改造工作，应当根据罪犯的犯罪类型、犯罪原因、恶性程度及其思想、行为、心理特征，坚持因人施教、以理服人、循序渐进、注重实效的原则。

第五条　监狱教育改造工作主要包括：入监教育；个别教育；思想、文化、技术教育；监区文化建设；社会帮教；心理矫治；评选罪犯改造积极分子；出监教育等。

第六条　监狱教育改造工作，应当坚持集体教育与个别教育相结合，课堂教育与辅助教育相结合，常规教育与专题教育相结合，狱内教育与社会教育相结合。

第七条　监狱应当设立教育改造场所，包括教室、谈话室、文体活动室、图书室、阅览室、电化教育室、心理咨询室等,并配备相应的设施。

第八条 监狱用于罪犯教育改造的经费,按照国家规定的有关标准执行。少数民族罪犯、未成年犯的教育改造经费应予提高。

第二章 入监教育

第九条 对新入监的罪犯,应当将其安排在负责新收分流罪犯的监狱或者监区,集中进行为期两个月的入监教育。

第十条 新收罪犯入监后,监狱(监区)应当向其宣布罪犯在服刑期间享有的权利和应当履行的义务:

(一)罪犯在服刑期间享有下列权利:人格不受侮辱,人身安全和合法财产不受侵犯,享有辩护、申诉、控告、检举以及其他未被依法剥夺或者限制的权利。

(二)罪犯在服刑期间应当履行下列义务:遵守国家法律、法规和监规纪律,服从管理,接受教育改造,按照规定参加劳动。

第十一条 监狱(监区)对新收罪犯,应当进行法制教育和监规纪律教育,引导其认罪悔罪,明确改造目标,适应服刑生活。

第十二条 监狱(监区)应当了解和掌握新收罪犯的基本情况、认罪态度和思想动态,进行个体分析和心理测验,对其危险程度、恶性程度、改造难度进行评估,提出关押和改造的建议。

第十三条 入监教育结束后,监狱(监区)应当对新收罪犯进行考核验收。对考核合格的,移送相应类别的监狱(监区)服刑改造;对考核不合格的,应当延长入监教育,时限为一个月。

第三章 个别教育

第十四条 监狱应当根据每一名罪犯的具体情况，安排监狱人民警察对其进行有针对性的个别教育。

第十五条 个别教育应当坚持法制教育与道德教育相结合，以理服人与以情感人相结合，戒之以规与导之以行相结合，内容的针对性与形式的灵活性相结合，解决思想问题与解决实际问题相结合。

第十六条 监狱各监区的人民警察对所管理的罪犯，应当每月至少安排一次个别谈话教育。

第十七条 罪犯有下列情形之一的，监狱人民警察应当及时对其进行个别谈话教育：

（一）新入监或者服刑监狱、监区变更时；

（二）处遇变更或者劳动岗位调换时；

（三）受到奖励或者惩处时；

（四）罪犯之间产生矛盾或者发生冲突时；

（五）离监探亲前后或者家庭出现变故时；

（六）无人会见或者家人长时间不与其联络时；

（七）行为反常、情绪异常时；

（八）主动要求谈话时；

（九）暂予监外执行、假释或者刑满释放出监前；

（十）其他需要进行个别谈话教育的。

第十八条 监狱人民警察对罪犯进行个别谈话教育，应当认真做好记录，并根据罪犯的思想状况和动态，采取有针对性的教育改造措施。

第十九条　监狱应当建立罪犯思想动态分析制度，并根据分析情况，组织开展有针对性的专题教育。

分监区每周分析一次，监区每半月分析一次，监狱每月分析一次；遇有重大事件，应当随时收集、分析罪犯的思想动态。分析的情况应当逐级上报。

第二十条　监狱应当根据罪犯的犯罪类型，结合罪犯的危险程度、恶性程度、接受能力，对罪犯进行分类，开展分类教育。

第二十一条　监狱应当建立对顽固型罪犯（简称顽固犯）和危险型罪犯（简称危险犯）的认定和教育转化制度。

有下列情形之一的，认定为顽固犯：

（一）拒不认罪、无理缠诉的；

（二）打击先进、拉拢落后、经常散布反改造言论的；

（三）屡犯监规、经常打架斗殴、抗拒管教的；

（四）无正当理由经常逃避学习和劳动的；

（五）其他需要认定为顽固犯的。

有下列情形之一的，认定为危险犯：

（一）有自伤、自残、自杀危险的；

（二）有逃跑、行凶、破坏等犯罪倾向的；

（三）有重大犯罪嫌疑的；

（四）隐瞒真实姓名、身份的；

（五）其他需要认定为危险犯的。

第二十二条　监狱应当对顽固犯、危险犯制定有针对性的教育改造方案，建立教育转化档案，指定专人负责教育转化工作。必要时，可以采取集体攻坚等方式。

第二十三条 顽固犯和危险犯的认定与撤销，由监区或者直属分监区集体研究，提出意见，分别报监狱教育改造、狱政管理部门审核，由主管副监狱长审定。

第四章 思想、文化、技术教育

第二十四条 监狱应当办好文化技术学校，对罪犯进行思想、文化、技术教育。

成年罪犯的教学时间，每年不少于500课时；未成年犯的教学时间，每年不少于1000课时。

第二十五条 罪犯必须接受监狱组织的思想教育。思想教育包括以下内容：

（一）认罪悔罪教育；

（二）法律常识教育；

（三）公民道德教育；

（四）劳动常识教育；

（五）时事政治教育。

第二十六条 监狱组织的文化教育，应当根据罪犯不同的文化程度，分别开展扫盲、小学、初中文化教育，有条件的可以开展高中（中专）教育。鼓励罪犯自学，参加电大、函大、高等教育自学考试，并为他们参加学习和考试提供必要的条件。

尚未完成国家规定的九年制义务教育，年龄不满45周岁，能够坚持正常学习的罪犯，应当接受义务教育；已完成义务教育或者年龄在45周岁以上的罪犯，鼓励其参加其他文化学习。

第二十七条 监狱应当根据罪犯在狱内劳动的岗位技能要求和刑满释放后就业的需要，组织罪犯开展岗位技术培训和职业技能教育。

年龄不满50周岁，没有一技之长，能够坚持正常学习的罪犯，应当参加技术教育；有一技之长的，可以按照监狱的安排，选择学习其他技能。

第二十八条 监狱组织开展思想、文化、技术教育，其教员可以从本监狱的人民警察中选任，也可以从社会上符合条件的人员中聘任。

对罪犯的文化、技术教育，可以在本监狱选择服刑表现较好、有文化技术专长的罪犯协助。

第二十九条 监狱应当积极与当地教育、劳动和社会保障行政部门以及就业培训机构联系，在狱内文化、技术教育的专业设置、教学安排、师资培训、外聘教师、教研活动、考试（考核）和颁发学历、学位（资格）证书等方面取得支持和帮助。

第三十条 监狱应当积极利用社会资源，开展罪犯文化、技术教育，根据罪犯刑满释放后的就业需要，开设不同内容、种类的培训班。

第三十一条 监狱对罪犯开展的思想教育和扫盲、小学、初中文化教育，使用司法部监狱管理局统一编写的教材。

第五章 监区文化建设

第三十二条 监狱应当组织罪犯开展丰富多彩的文化、体育等活动，加强监区文化建设，创造有益于罪犯身心健康和发展的改造环境。

第三十三条 监狱应当办好图书室、阅览室、墙报、黑板报，组织开展经常性的读书、评报活动。

监狱图书室藏书人均不少于10本。

第三十四条　监狱应当根据自身情况，成立多种形式的文艺表演队、体育运动队等，组织罪犯开展文艺、体育活动。

第三十五条　监狱应当根据条件，组织罪犯学习音乐、美术、书法等，开展艺术和美育教育。

第三十六条　监狱应当建立电化教育系统、广播室，各分监区要配备电视，组织罪犯收听、收看新闻及其他有益于罪犯改造的广播、影视节目。

第三十七条　监狱应当根据教育改造罪犯的需要，美化监区环境，规范监区环境布置。

第三十八条　监狱应当在国庆节、国际劳动节、元旦、春节和重大庆祝、纪念活动，以及每月的第一天，组织罪犯参加升挂国旗仪式。

第六章　社会帮教

第三十九条　监狱应当积极争取社会各个方面和社会各界人士的支持，配合监狱开展有益于罪犯改造的各种社会帮教活动。

第四十条　监狱应当与罪犯原所在地的政府、原单位（学校）、亲属联系，签订帮教协议，适时邀请有关单位和人士来监狱开展帮教工作；监狱也可以组织罪犯到社会上参观学习，接受教育。

第四十一条　监狱应当鼓励和支持社会志愿者参与对罪犯进行思想、文化、技术教育等方面的帮教活动，并为其帮教活动提供便利。

第四十二条　监狱应当为罪犯获得法律援助提供帮助，联系、协调当地法律援助机构为罪犯提供法律援助服务。

第七章　心理矫治

第四十三条　监狱应当开展对罪犯的心理矫治工作。心理矫治工作包括：心理健康教育，心理测验，心理咨询和心理疾病治疗。

第四十四条　监狱应当建立心理矫治室，配置必要的设备，由专业人员对罪犯进行心理矫治。

第四十五条　监狱应当对罪犯进行心理健康教育，宣传心理健康知识，使罪犯对心理问题学会自我调节、自我矫治。

第四十六条　监狱应当在罪犯入监教育、服刑改造中期、出监教育期间对罪犯进行心理测验，建立心理档案，为开展有针对性的思想教育和心理矫治提供参考，对重新犯罪的倾向进行预测。

第四十七条　监狱应当配备专门人员，对罪犯提供心理咨询服务，解答罪犯提出的心理问题。

第四十八条　监狱对有心理疾病的罪犯，应当实施治疗；对病情严重的，应当组织有关专业人员会诊，进行专门治疗。

第四十九条　监狱从事心理测验、心理咨询工作的人员应当具备以下条件：

（一）取得心理咨询员、心理咨询师、高级心理咨询师等国家职业资格证书；

（二）具有强烈的事业心和高度的责任感；

（三）具有良好的品行和职业道德。

监狱可以聘请社会专业人员参与对罪犯的心理矫治工作。

第八章 激励措施

第五十条 监狱应当采取措施,激励罪犯接受改造,在教育改造工作中注重发挥改造积极分子的典型示范作用。

第五十一条 监狱和省、自治区、直辖市监狱管理局应当每年分别组织评选本监狱和本地区的改造积极分子。

改造积极分子的条件:认罪悔罪,积极改造;自觉遵守法律、法规、规章和监规纪律;讲究文明礼貌,乐于助人;认真学习文化知识和劳动技能,成绩突出;积极参加劳动,完成劳动任务;达到计分考核奖励条件。

第五十二条 监狱评选改造积极分子,应当在完成年终评审的基础上,由分监区召集罪犯集体评议推荐,全体警察集体研究,报监区长办公会审议,确定人选。直属分监区或者未设分监区的监区,其人选由分监区或者监区召集罪犯集体评议推荐,全体警察集体研究确定。

监区或者直属分监区确定人选后,填写《改造积极分子审批表》,报监狱教育改造部门审核,在本监狱内履行公示程序后,提交监狱长办公会审定。

第五十三条 监狱对改造积极分子人选实行公示的期限为七个工作日。公示期内,如有监狱人民警察或者罪犯对人选提出异议,由监狱教育改造部门进行复核,并告知复核结果。

第五十四条 省、自治区、直辖市监狱管理局评选本地区改造积极分子,由监狱根据下达的名额,从连续两年被评为监狱改造积极分子的罪犯中提出人选,报监狱管理局教育改造部门审核,由局长办公会审定。

第九章 出监教育

第五十五条 监狱对即将服刑期满的罪犯,应当集中进行出监教育,时限为 3 个月。

第五十六条 监狱组织出监教育,应当对罪犯进行形势、政策、前途教育,遵纪守法教育和必要的就业指导,开展多种类型、比较实用的职业技能培训,增强罪犯回归社会后适应社会、就业谋生的能力。

第五十七条 监狱应当邀请当地公安、劳动和社会保障、民政、工商、税务等部门,向罪犯介绍有关治安、就业、安置、社会保障等方面的政策和情况,教育罪犯做好出监后应对各方面问题的思想准备,使其顺利回归社会。

第五十八条 监狱应当根据罪犯在服刑期间的考核情况、奖惩情况、心理测验情况,对其改造效果进行综合评估,具体评价指标、评估方法,另行规定。

第五十九条 监狱应当在罪犯刑满前一个月,将其在监狱服刑改造的评估意见、刑满释放的时间,本人职业技能特长和回归社会后的择业意向,以及对地方做好安置帮教工作的建议,填入《刑满释放人员通知书》,寄送服刑人员原户籍所在地的县级公安机关和司法行政机关。

第六十条 监狱应当对刑满释放人员回归社会后的情况进行了解,评估教育改造工作的质量和效果,总结推广教育改造工作的成功经验,不断提高监狱教育改造工作的质量。

第十章　附则

第六十一条　对未成年犯的教育改造工作，依照《未成年犯管教所管理规定》（司法部令第56号）的有关规定执行；未作规定的，依照本规定执行。

第六十二条　本规定由司法部解释。

第六十三条　本规定自2003年8月1日起施行。

监狱提请减刑假释工作程序规定

（中华人民共和国司法部令第77号）

第一章 总则

第一条 为规范监狱提请减刑、假释工作程序，根据《中华人民共和国刑法》《中华人民共和国刑事诉讼法》《中华人民共和国监狱法》的有关规定，结合刑罚执行工作实际，制定本规定。

第二条 监狱提请减刑、假释，应当根据法律规定的条件和程序进行，遵循公开、公平、公正的原则，实行集体评议、首长负责的工作制度。

第三条 被判处有期徒刑的罪犯的减刑、假释，由监狱提出建议，提请罪犯服刑地的中级人民法院裁定。

第四条 被判处死刑缓期二年执行的罪犯的减刑，被判处无期徒刑的罪犯的减刑、假释，由监狱提出建议，经省、自治区、直辖市监狱管理局审核同意后，提请罪犯服刑地的高级人民法院裁定。

第五条 监狱成立提请减刑假释评审委员会，由主管副监狱长及刑罚执行、狱政管理、教育改造、生活卫生、狱内侦查、监察等有关部门负责人组成，主管副监狱长任主任。监狱提请减刑假释评审委员会不得少于7人。

第六条 监狱提请减刑、假释，应当由分监区集体评议，监区长办公会审核，监狱提请减刑假释评审委员会评审，监狱长办公会决定。

省、自治区、直辖市监狱管理局审核减刑、假释建议，应当由主管副局长召集刑罚执行等有关部门审核，报局长审定，必要时可以召开局长办公会决定。

第二章 监狱提请减刑、假释的程序

第七条 提请减刑、假释，应当由分监区召开全体警察会议，根据法律规定的条件，结合罪犯服刑表现，集体评议，提出建议，报经监区长办公会审核同意后，报送监狱刑罚执行（狱政管理）部门审查。

直属分监区或者未设分监区的监区，由全体警察集体评议，提出减刑、假释建议，报送监狱刑罚执行（狱政管理）部门审查。

分监区、直属分监区或者未设分监区的监区的集体评议以及监区长办公会议审核情况，应当有书面记录，并由与会人员签名。

第八条 监区或者直属分监区提请减刑、假释，应当报送下列材料：

（一）《罪犯减刑（假释）审核表》；

（二）监区长办公会或者直属分监区、监区集体评议的记录；

（三）终审法院的判决书、裁定书、历次减刑裁定书的复印件；

（四）罪犯计分考核明细表、奖惩审批表、罪犯评审鉴定表和其他有关证明材料。

第九条 监狱刑罚执行（狱政管理）部门收到对罪犯拟提请减刑、假释的材料后，应当就下列事项进行审查：

（一）需提交的材料是否齐全、完备、规范；

（二）认定罪犯是否确有悔改或者立功、重大立功表现；

（三）拟提请减刑、假释的建议是否适当；

（四）罪犯是否符合法定减刑、假释的条件。

刑罚执行（狱政管理）部门完成审查后，应当出具审查意见，连同监区或者直属分监区报送的材料一并提交监狱提请减刑假释评审委员会评审。

第十条 监狱提请减刑假释评审委员会应当召开会议，对刑罚执行（狱政管理）部门审查提交的减刑、假释建议进行评审。会议应当有书面记录，并由与会人员签名。

第十一条 监狱提请减刑假释评审委员会经评审后，应当将拟提请减刑、假释的罪犯名单以及减刑、假释意见在监狱内公示。公示期限为7个工作日。公示期内，如有警察或者罪犯对公示内容提出异议，监狱提请减刑假释评审委员会应当进行复核，并告知复核结果。

第十二条 监狱提请减刑假释评审委员会完成评审和公示程序后，应当将拟提请减刑、假释的建议和评审报告，报请监狱长办公会审议决定。

第十三条 经监狱长办公会决定提请减刑、假释的，由监狱长在《罪犯减刑（假释）审核表》上签署意见，加盖监狱公章，并由监狱刑罚执行（狱政管理）部门根据法律规定制作《提请减刑建议书》或者《提请假释建议书》，连同有关材料一并提请人民法院裁定。

对本规定第四条所列罪犯决定提请减刑、假释的，监狱应当将《罪犯减刑（假释）审核表》连同有关材料报送省、自治区、直辖市监狱管理局审核。

第十四条 监狱提请人民法院裁定减刑、假释，应当提交下列材料：

（一）《提请减刑建议书》或者《提请假释建议书》；

（二）终审法院判决书、裁定书、历次减刑裁定书的复印件；

（三）罪犯确有悔改或者立功、重大立功表现的具体事实的书面证据材料；

（四）罪犯评审鉴定表、奖惩审批表。

对本规定第四条所列罪犯提请减刑、假释的，应当同时提交省、自治区、直辖市监狱管理局签署意见的《罪犯减刑（假释）审核表》。

第十五条　监狱在向人民法院提请减刑、假释的同时，应当将提请减刑、假释的建议，书面通报派出人民检察院或者派驻检察室。

第三章　监狱管理局审核减刑、假释建议的程序

第十六条　省、自治区、直辖市监狱管理局收到监狱报送的提请减刑、假释建议的材料后，应当由主管副局长召集刑罚执行（狱政管理）等有关部门进行审核。审核中发现监狱报送的材料不齐全或者有疑义的，应当通知监狱补交有关材料或者作出说明。

第十七条　监狱管理局主管副局长主持完成审核后，应当将审核意见报请局长审定；对重大案件或者有其他特殊情况的罪犯的减刑、假释问题，可以建议召开局长办公会审议决定。

监狱管理局审核同意对罪犯提请减刑、假释的，由局长在《罪犯减刑（假释）审批表》上签署意见，加盖监狱管理局公章。

第四章　附则

第十八条　对违反法律规定和本规定提请减刑、假释的，视情节给予责任人相应的行政处分；构成犯罪的，依法追究刑事责任。

第十九条　司法部直属监狱提请减刑、假释的程序，按照本规定办理；对本规定第四条所列罪犯提请减刑、假释的，报送司法部

监狱管理局审核。

第二十条 本规定由司法部解释。

第二十一条 本规定自 2003 年 5 月 1 日起施行。

关于监狱办理刑事案件有关问题的规定

(中华人民共和国司法部司发通〔2014〕80号)

为依法惩治罪犯在服刑期间的犯罪活动,确保监狱持续安全稳定,根据有关法律规定,结合工作实际,现就监狱办理刑事案件有关问题规定如下:

一、对监狱在押罪犯与监狱工作人员(监狱警察、工人)或者狱外人员案件,涉案的在押罪犯由监狱立案侦查,涉案的监狱工作人员或者狱外人员由人民检察院或者公安机关立案侦查,在侦查过程中,双方应当相互协作。侦查终结后,需要追究刑事责任的,由侦查机关分别向当地人民检察院移送审查起诉。如果案件适宜合并起诉的,有关人民检察院可以并案向人民法院提起。

二、罪犯在监狱内犯罪,办理案件期间该罪犯原判刑期即将届满需要逮捕的,在侦查阶段由监狱在刑期届满前提请人民检察院审查批准逮捕,在审查起诉阶段由人民检察院决定逮捕,在审判阶段由人民法院决定逮捕;批准或者决定逮捕后,监狱将被逮捕人送监狱所在地看守所。

三、罪犯在监狱内犯罪,期间被发现的,由审判新罪的人民法院撤销假释,并书面通知原裁定假释的人民法院和社区矫正机构。撤销假释的决定作出前,根据案件情况需要逮捕的,由人民检察院或者人民法院批准或者决定逮捕,公安机关执行逮捕,并将被逮捕人送监狱所在地看守所羁押,同时通知社区矫正机构。

刑满释放后被发现,需要逮捕的,由监狱提请人民检察院审查批准逮捕，公安机关执行逮捕后，将被逮捕人送监狱所在地看守所羁押。

四、在押罪犯脱逃后未实施其他犯罪的，由监狱立案侦查，公安机关抓获后通知原监狱押回，监狱所在地人民检察院审查起诉。罪犯脱逃期间又实施其他犯罪，在捕回监狱前发现的，由新罪犯罪地公安机关侦查新罪，并通知监狱；监狱对脱逃罪侦查终结后移送管辖新罪的公安机关，由公安机关一并移送当地人民检察院审查起诉，人民法院判决后，送当地监狱服刑，罪犯服刑的原监狱应当配合。

五、监狱办理罪犯在监狱内犯罪案件，需要相关刑事技术支持的，由监狱所在地公安机关提供协助。需要在监狱外采取侦查措施的，应当通报当地公安机关，当地公安机关应当协助实施。

监狱劳教人民警察职业行为规范

（中华人民共和国司法部司法通〔2011〕194号）

第一章

第一条 为规范监狱劳教人民警察职业行为，保障和促进监狱劳教人民警察严格、公正、廉洁、文明、规范执法，正确履行宪法和法律法规赋予的职责，根据《中华人民共和国公务员法》《中华人民共和国人民警察法》《中华人民共和国监狱法》《中华人民共和国禁毒法》《劳动教养试行办法》等法律法规的规定，制定本规范。

第二条 本规范是监狱劳教人民警察职业行为应当遵守的基本要求。

第二章

第三条 坚持以马克思列宁主义、毛泽东思想、邓小平理论和"三个代表"重要思想为指导，深入贯彻落实科学发展观，认真学习中国特色社会主义理论体系，牢固树立社会主义法治理念，做中国特色社会主义事业的建设者、捍卫者。

第四条 忠于党。坚持中国共产党领导，始终与党中央保持高度一致，自觉维护中央权威。

第五条 忠于祖国。坚持国家利益高于一切，自觉维护国家安全、荣誉和利益，维护国家统一和民族团结，同一切危害国家利益的言行作斗争。

第六条 忠于人民。坚持以人为本、执法为民，坚定不移地维护人民群众合法权益，切实实现好、维护好、发展好最广大人民根本利益。

第七条 忠于法律。坚持依法治国基本方略,维护宪法和法律的统一、尊严和权威,维护社会公平正义,促进社会和谐,维护社会稳定。

第三章

第八条 牢固树立法治观念,严格依法办事,自觉维护法律权威和尊严。

第九条 严格按照法定权限、条件和程序办理收监、收容(治)、(加)减刑(期)、、暂予监外执行、所外执行、准假放假、释放(解教)。

第十条 严格狱(所)政管理,做到严格、公正、科学、文明管理,坚持直接管理。

第十一条 坚持以人为本,实行因人施教、分类教育、以理服人,将罪犯劳教(戒毒)人员改造(转化)成守法公民。

第十二条 严格执行安全生产、劳动工时、劳动保护和劳动报酬制度,合理组织罪犯劳教(戒毒)人员劳动,矫正其恶习,培养其劳动习惯。

第十三条 严格执行生活卫生制度,保障罪犯劳教(戒毒)人员的生活和健康权益,杜绝狱(所)内重大疫情发生。

第十四条 尊重罪犯劳教(戒毒)人员人格,依法保障和维护罪犯劳教(戒毒)人员的人身安全、合法财产和辩护、申诉(述)、控告、检举以及其他未被依法剥夺或者限制的权利。

第十五条 坚持惩治与预防相结合,加强狱(所)情分析,消除安全隐患,依法打击狱(所)内违法犯罪,维护监所安全稳定。

第十六条 实行狱(所)务公开,自觉接受监督,提高执法透明度。

第四章

第十七条 严守政治纪律,不发表、不传播不符合监狱劳教人民警察身份的言论,不参加非法组织,不参加非法集会、游行、示威等活动。

第十八条 严守组织纪律,坚决执行上级决定和命令,服从领导,听从指挥,令行禁止。

第十九条 严守群众工作纪律,牢记全心全意为人民服务的根本宗旨,不得利用工作之便侵占和损害人民群众的利益;尊重罪犯劳教(戒毒)人员亲属,对反映的问题和提出的合理要求,要认真对待,不得推诿扯皮、故意刁难。

第二十条 严守工作纪律,遵守各项工作规定,讲究工作质量和效率。

第二十一条 严守廉政纪律,认真执行廉洁从政准则和廉洁自律规定,淡泊名利,防腐拒贿,自觉做到不与罪犯劳教(戒毒)人员亲属发生非工作关系的往来,不接受可能影响公正执法的宴请、消费、娱乐等活动,不以个人名义经商办企业,不利用职权为亲友经商提供方便,不利用罪犯劳教(戒毒)人员的社会关系进行生产经营活动等。

第二十二条 严守保密纪律,强化保密意识,自觉保守国家秘密和工作秘密,防止失密泄密。

第二十三条 严格执行监狱人民警察"六条禁令"和劳教人民警察"六条禁令",坚决杜绝违反禁令行为。

第五章

第二十四条　保持和发扬良好思想作风，解放思想，实事求是，与时俱进，开拓创新，研究新情况，解决新问题，创造性地开展工作。

第二十五条　保持和发扬良好学风，牢固树立终身学习意识，坚持理论联系实际，注重学以致用，提高职业素养。

第二十六条　保持和发扬良好工作作风，爱岗敬业，勤勉尽责，严谨细致，注重团结协作，提高工作水平。

第二十七条　保持和发扬良好领导作风，坚持民主集中制，充分发扬民主，维护集中统一，自觉开展批评与自我批评，以身作则，率先垂范。

第二十八条　保持和发扬良好生活作风，培养高尚道德操守和健康生活情趣，艰苦奋斗，勤俭节约，志存高远，积极向上。

第六章

第二十九条　按照规定穿着警察制服，佩带标识徽章，保持警容严整，端庄大方。

第三十条　语言文明规范，提倡说普通话，杜绝有损罪犯劳教（戒毒）人员人格和尊严的用语。

第三十一条　执行公务时，行为举止得体，体现良好精神风貌；着警服时行举手礼，不便行举手礼时，行注目礼。

第三十二条　接待来宾，热情周到；涉外工作遵守外事纪律和国际惯例。

第三十三条　办公场所保持整洁、安静，讲究卫生，办公桌椅摆放整齐，文件资料放置有序。

第七章

第三十四条 监狱劳教人民警察违反本规范,情节轻微的,予以批评教育;构成违纪的,依纪予以处分;构成犯罪的,依法追究刑事责任。

第三十五条 监狱劳教(戒毒)所的其他工作人员参照执行本规范。

第三十六条 本规范由司法部负责解释。

第三十七条 本规范自发布之日起实施。

监狱和劳动教养机关人民警察违法违纪行为处分规定

（监察部 人力资源社会保障部 司法部令第 25 号）

第一条 为了严明监狱和劳动教养机关纪律，规范监狱和劳动教养机关人民警察的行为，保证监狱和劳动教养机关人民警察依法履行职责，根据《中华人民共和国人民警察法》《中华人民共和国监狱法》《中华人民共和国行政监察法》《中华人民共和国公务员法》《行政机关公务员处分条例》等有关法律、行政法规，制定本规定。

第二条 监狱和劳动教养机关人民警察违法违纪，应当承担纪律责任的，依照本规定给予处分。

法律、行政法规、国务院决定对监狱和劳动教养机关人民警察处分另有规定的，从其规定。

第三条 监狱和劳动教养机关人民警察违法违纪，应当承担纪律责任的，由任免机关或者监察机关按照管理权限依法给予处分。

监狱和劳动教养机关有违法违纪行为，应当追究纪律责任的，对负有责任的领导人员和直接责任人员给予处分。

第四条 对受到处分的监狱和劳动教养机关人民警察，应当依照有关规定延期晋升、降低或者取消警衔。

第五条 监狱和劳动教养机关人民警察违法违纪涉嫌犯罪的，应当移送司法机关依法追究刑事责任。

第六条 监察机关派驻同级司法行政机关监察机构可以调查下一级监察机关派驻同级司法行政机关监察机构管辖范围内的监狱和劳

动教养机关人民警察违法违纪案件，必要时也可以调查所辖各级监察机关派驻同级司法行政机关监察机构管辖范围内的监狱和劳动教养机关人民警察违法违纪案件。

监察机关派驻同级司法行政机关监察机构经派出它的监察机关批准，可以调查下一级司法行政机关具有人民警察身份的领导人员和监狱、劳动教养机关领导人员的违法违纪案件。

调查结束后，按照管理权限，监察机关派驻同级司法行政机关监察机构应当向处分决定机关提出处分建议，由处分决定机关依法作出处分决定。

第七条 有下列行为之一的，给予开除处分：

（一）殴打、体罚、虐待或者指使、纵容他人殴打、体罚、虐待罪犯、劳动教养人员致死的；

（二）包庇或者纵容罪犯、劳动教养人员从事犯罪活动的；

（三）私放罪犯、劳动教养人员逃离监狱、劳动教养场所的。

第八条 违反规定办理罪犯减刑、假释、暂予监外执行，或者违反规定办理劳动教养人员减期、提前解教、所外就医、所外执行的，给予记过或者记大过处分；情节较重的，给予降级或者撤职处分；情节严重的，给予开除处分。

有前款规定行为并从中牟取私利的，从重处分。

第九条 有下列行为之一的，给予记过或者记大过处分；情节较重的，给予降级或者撤职处分；情节严重的，给予开除处分：

（一）殴打、体罚、虐待或者指使、纵容他人殴打、体罚、虐待罪犯、劳动教养人员的；

（二）对罪犯、劳动教养人员超期禁闭的；

（三）违反规定办理罪犯、劳动教养人员收监、收容的；

（四）扣压、销毁罪犯、劳动教养人员申诉、控告、检举材料，或者向被举报人透露举报情况的。

第十条 有下列行为之一的，给予记过或者记大过处分；情节较重的，给予降级或者撤职处分；情节严重的，给予开除处分：

（一）违反规定办理罪犯离监探亲、特许离监或者违反规定办理劳动教养人员放假的；

（二）为罪犯、劳动教养人员奖惩提供虚假材料的；

（三）私带罪犯、劳动教养人员离开监狱、劳动教养场所的；

（四）擅自安排罪犯、劳动教养人员会见，造成不良后果的；

（五）违反规定允许罪犯、劳动教养人员携带、使用通讯工具等违禁品或者为其传递违禁品的；

（六）违反规定为罪犯、劳动教养人员提供特殊待遇，造成不良影响的。

有前款规定行为并从中牟取私利的，从重处分。

第十一条 有下列行为之一的，给予记过或者记大过处分；情节较重的，给予降级或者撤职处分；情节严重的，给予开除处分：

（一）因工作失职致使罪犯、劳动教养人员伤残、死亡或者脱逃、逃跑的；

（二）因工作失职致使发生罪犯、劳动教养人员聚众闹事、斗殴等狱（所）内重大案件或者群体性事件的；

（三）因工作失职致使发生罪犯、劳动教养人员集体食物中毒

或者感染传染病等重大疫情的;

（四）因工作失职致使发生安全生产、环境污染等重大事故的;

（五）发生罪犯脱逃、劳动教养人员逃跑或者其他事故,不及时上报或者隐瞒不报的。

第十二条 有下列行为之一的,给予警告或者记过处分;情节较重的,给予记大过处分;情节严重的,给予降级或者撤职处分:

（一）在值班、执勤时擅离岗位的;

（二）违反规定将管理罪犯、劳动教养人员的职权交予他人行使的;

（三）因工作失职致使违禁品进入监狱、劳动教养场所的。

第十三条 有下列行为之一的,给予记过或者记大过处分;情节较重的,给予降级或者撤职处分;情节严重的,给予开除处分:

（一）违反规定利用或者插手监狱、劳动教养场所的基建等工程招投标、政府采购,为本人或者特定关系人牟取不正当利益的;

（二）索取、接受、侵占罪犯、劳动教养人员及其亲属财物的;

（三）接受罪犯、劳动教养人员及其亲属宴请、娱乐等活动安排的;

（四）向罪犯、劳动教养人员及其亲属借钱、借物,或者利用罪犯、劳动教养人员及其亲属为自己或者他人牟取不正当利益的。

第十四条 有下列行为之一的,给予警告、记过或者记大过处分;情节较重的,给予降级或者撤职处分;情节严重的,给予开除处分:

（一）拒绝执行上级依法作出的决定、命令,或者在执行任务时不服从指挥的;

（二）违反规定办理监狱和劳动教养机关人民警察录用、考核、任免、奖惩、调任、转任的。

第十五条 有下列行为之一的,给予警告、记过或者记大过处分;情节较重的,给予降级或者撤职处分;情节严重的,给予开除处分:

（一）非因工作需要携带枪支进入监区、劳动教养人员宿舍或者生产场所的;

（二）携带枪支饮酒的;

（三）有其他违反公务用枪管理使用规定行为的。

第十六条 有下列行为之一的,给予警告或者记过处分;情节较重的,给予记大过或者降级处分;情节严重的,给予撤职或者开除处分:

（一）违反警车管理使用规定,或者违反规定使用警灯、警报器的;

（二）违反规定转借、赠送、出租、抵押、转卖警用车辆、警车号牌、警服、警用标志或者证件的;

（三）违反规定使用警械、武器的;

（四）携带违禁品进入监狱、劳动教养场所的。

第十七条 违反规定发表反映监狱、劳动教养工作内容的言论或者传播反映监狱、劳动教养工作内容的录音、录像、图片、文字等,造成不良影响的,给予警告处分;情节较重的,给予记过或者记大过处分;情节严重的,给予降级、撤职或者开除处分。

第十八条 工作时间饮酒或者在公共场所酗酒滋事的,给予警告、记过或者记大过处分;造成后果的,给予降级或者撤职处分;造成严重后果的，给予开除处分。

酒后驾驶机动车，造成严重后果的，给予开除处分。

第十九条 有下列行为之一，造成不良影响的，给予警告处分；情节较重的，给予记过处分；情节严重的，给予记大过处分：

（一）对待罪犯、劳动教养人员亲属或者其他人员态度蛮横、推诿、刁难的；

（二）不按规定着装，严重损害人民警察形象的；

（三）非因公务着警服进入营业性娱乐场所的。

第二十条 监狱和劳动教养机关人民警察有本规定没有规定的其他违法违纪行为的，依照《行政机关公务员处分条例》等规定处理。

第二十一条 处分的程序和不服处分的申诉，依照《中华人民共和国行政监察法》、《中华人民共和国公务员法》、《行政机关公务员处分条例》等有关法律法规的规定办理。

第二十二条 本规定所称监狱和劳动教养机关人民警察是指司法行政机关和监狱、劳动教养场所及其直属单位中在编在职的人民警察。

第二十三条 对承担戒毒工作任务的人民警察违法违纪行为的处分，适用本规定。

第二十四条 本规定由监察部、人力资源社会保障部、司法部负责解释。

第二十五条 本规定自 2012 年 7 月 1 日起施行。

监狱服刑人员行为规范

（中华人民共和国司法部令第 88 号）

第一条 拥护宪法，遵守法律法规规章和监规纪律。

第二条 服从管理，接受教育，参加劳动，认罪悔罪。

第三条 爱祖国，爱人民，爱集体，爱学习，爱劳动。

第四条 明礼诚信，互助友善，勤俭自强。

第五条 依法行使权利，采用正当方式和程序维护个人合法权益。

第六条 服刑期间严格遵守下列纪律：

（一）不超越警戒线和规定区域、脱离监管擅自行动；

（二）不私藏现金、刃具等违禁品；

（三）不私自与外界人员接触，索取、借用、交换、传递钱物；

（四）不在会见时私传信件、现金等物品；

（五）不擅自使用绝缘、攀援、挖掘物品；

（六）不偷窃、赌博；

（七）不打架斗殴、自伤自残；

（八）不拉帮结伙、欺压他人；

（九）不传播犯罪手段、怂恿他人犯罪；

（十）不习练、传播有害气功、邪教。

第七条 按时起床，有秩序洗漱、入厕，衣被等个人物品摆放整齐。

第八条 按要求穿着囚服，佩戴统一标识。

第九条 按时清扫室内外卫生，保持环境整洁。

第十条 保持个人卫生，按时洗澡、理发、剃须、剪指甲，衣服、被褥定期换洗。

第十一条 按规定时间、地点就餐，爱惜粮食，不乱倒剩余饭菜。

第十二条 集体行进时，听从警官指挥，保持队形整齐。

第十三条 不饮酒，不违反规定吸烟。

第十四条 患病时向警官报告，看病时遵守纪律，配合治疗。不私藏药品。

第十五条 需要进入警官办公室时，在门外报告，经允许后进入。

第十六条 在野外劳动现场需要向警官反映情况时，在三米以外报告。

第十七条 遇到问题，主动向警官汇报。与警官交谈时，如实陈述、回答问题。

第十八条 在指定铺位就寝，就寝时保持安静，不影响他人休息。

学习规范

第十九条 接受法制、道德、形势、政策等思想教育，认清犯罪危害，矫治恶习。

第二十条 接受心理健康教育，配合心理测试，养成健康心理。

第二十一条 尊重教师，遵守学习纪律，爱护教学设施、设备。

第二十二条 接受文化教育，上课认真听讲，按时完成作业，争取良好成绩。

第二十三条 接受技术教育，掌握实用技能，争当劳动能手，增强就业能力。

第二十四条 阅读健康有益书刊，按规定收听、收看广播电视。

第二十五条 参加文娱活动，增强体质，陶冶情操。

劳动规范

第二十六条 积极参加劳动。因故不参加劳动，须经警官批准。

第二十七条 遵守劳动纪律，坚守岗位，服从生产管理和技术指导。

第二十八条 严格遵守操作规程和安全生产规定，不违章作业。

第二十九条 爱护设备、工具。厉行节约，减少损耗，杜绝浪费。

第三十条 保持劳动现场卫生整洁，遵守定置管理规定，工具、材料、产品摆放整齐。

第三十一条 不将劳动工具和危险品、违禁品带进监舍。

第三十二条 完成劳动任务，保证劳动质量，珍惜劳动成果。

礼貌规范

第三十三条 爱护公共环境。不随地吐痰，不乱扔杂物，不损坏花草树木。

第三十四条 言谈举止文明。不讲脏话、粗话。

第三十五条 礼貌称谓他人。对人民警察称"警官"，对其他人员采用相应礼貌称谓。

第三十六条 服刑人员之间互称姓名，不起（叫）绰号。

第三十七条 来宾、警官进入监舍时，除患病和按规定就寝外，起立致意。

第三十八条 与来宾、警官相遇时，文明礼让。

罪犯会见通信工作规定

（中华人民共和国司法部 2016 年 12 月 5 日颁布）

第一章　总则

第一条　为规范罪犯会见通信管理工作，保障罪犯合法权益，提高罪犯改造质量，根据《中华人民共和国监狱法》《中华人民共和国邮政法》和司法部《罪犯会见通信规定》，结合监狱工作实际，制定本规定。

第二条　本规定所称会见，是指罪犯与会见人会面交谈，会见方式包括隔透明装置电话会见、视频会见、面对面会见等。所称通信，是指罪犯收寄信件、通话等。

第三条　罪犯在服刑期间，依照规定可以会见亲属、监护人，与亲属、监护人通话，收寄信件。

第四条　罪犯会见、通话范围：配偶、父母（养父母、继父母）、子女（养子女、继子女）、祖父母（外祖父母）、孙子女（外孙子女）、兄弟姐妹、监护人。

与罪犯关系密切且具有血缘或姻亲关系的其他亲属（岳父、岳母、公公、婆婆、儿媳、女婿、堂兄弟姐妹、侄子女、外甥；叔叔、伯父、姑妈、姨妈、舅舅及其配偶，兄弟姐妹的配偶），经罪犯本人书面申请，监狱审核批准，报市局狱政管理部门备案后，可按照正常范围会见。

罪犯无第一款所列亲属的，可从第二款所列亲属中选择一至两人，经罪犯本人书面申请，监狱审核批准，报市局狱政管理部门备案后，可按照正常范围通话。

第五条 罪犯首次会见、通话前，亲属、监护人应按规定向监狱提交个人有效身份证件及关系证明。

有效身份证件包括：中华人民共和国居民身份证（含临时居民身份证）、香港（澳门）特别行政区居民身份证、台湾地区居民身份证、护照。

关系证明包括：户口簿、结婚证、出生医学证明、公安机关、军队政工部门或公证机关出具的亲属关系证明；人民法院判决书中已明确罪犯与亲属关系的，可以视为关系证明。以上证明有一项能够证明与罪犯亲属关系的即可。但证明夫妻关系的必须提供结婚证。

罪犯亲属为港澳台居民的，申请会见时除提交身份证件、关系证明外，还需提交《港澳居民来往内地通行证》或《台湾居民来往大陆通行证》。罪犯亲属为外国籍公民的，申请会见时除提交关系证明外，还需提供本人护照。

第六条 监狱应当对罪犯会见、通话严格监听监控，对罪犯收寄的信件严格检查。

第七条 狱政管理部门负责罪犯会见通信工作的管理，信息技术部门负责罪犯会见、电话系统的技术运行和维护，监区负责罪犯会见通信工作的具体组织实施。

第八条 市局狱政管理部门根据实际情况，每年定期对监狱罪犯会见通信工作进行检查，监狱狱政管理部门每季度对监区罪犯会见通信工作进行检查。

第九条 监狱民警在罪犯会见通信管理工作中应当秉公执法，严格按照规定的条件和程序办理。有违法违规行为的，应当依法依纪给予处罚；涉嫌犯罪的，移送司法机关依法追究刑事责任。

第二章　会见

第十条　罪犯会见亲属、监护人，应在监狱会见室内进行。罪犯因患精神病、严重传染病或者病重不适宜在会见室会见的，监狱安排在指定的安全场所会见。

第十一条　罪犯每月可会见亲属、监护人一次；每次会见人数一般不超过三人（不含十四周岁以下未成年亲属），会见时间一般不超过三十分钟。未成年罪犯会见时间可延长至一小时。

第十二条　罪犯家庭出现变故等原因需要延长会见时间，以及罪犯亲属、监护人因故未能按规定时间来监狱会见，或罪犯正处于停止会见期间，或罪犯病危、病重、伤残，确因改造工作需要安排会见的，应当经监狱长批准。

第十三条　罪犯有下列情形之一的，监狱可以暂停会见：

（一）罪犯被立案侦查、起诉、审判期间；

（二）罪犯被禁闭期间；

（三）其他影响监狱安全或者有碍罪犯改造的情形。

罪犯被暂停会见的，监狱应及时通知罪犯亲属、监护人，并做好登记。

第十四条　监狱应当自罪犯收监之日起五个工作日内，通知罪犯亲属、监护人会见。通知应当包括会见人范围、会见时间安排、会见办理流程、所需相关证件等内容。罪犯亲属、监护人可以向监狱提出会见申请。

监狱通知罪犯亲属、监护人会见时，应向罪犯亲属主联系人随同寄发《服刑人员社会关系调查表》。主联系人由罪犯从会见范围内的亲属中确定。罪犯亲属主联系人按会见范围如实填写《服刑人员社会关系调查表》，附有效身份证件复印件及关系证明复印件，一并寄回监狱。

第十五条 监区对《服刑人员社会关系调查表》、有效身份证件复印件、关系证明复印件进行审核，无误后由审核民警签字，并经罪犯本人签字确认，将符合会见条件的亲属、监护人信息录入罪犯监管改造系统，如有变化应及时进行更新。《服刑人员社会关系调查表》、有效身份证件复印件、关系证明复印件存入罪犯副档，调动时随罪犯档案转交调入监狱。

罪犯亲属主联系人未寄回《服刑人员社会关系调查表》、有效身份证件复印件、关系证明复印件的，可在首次会见时交予监狱，由监狱按照上述程序办理。

收押新犯的监狱向罪犯亲属主联系人寄发过《服刑人员社会关系调查表》并收到相关材料的，罪犯调入其他监狱后，其他监狱不再向罪犯亲属寄发《服刑人员社会关系调查表》。

第十六条 监狱应当向社会公开会见日具体安排。

因罪犯转监、调整监区等情形，致使会见日期发生变动的，监狱应在会见日前通知罪犯亲属主联系人。

第十七条 视频会见的，罪犯可以向监狱提出申请，监狱准予会见的，应当确定会见时间，通知罪犯亲属、监护人居住地县级司法行政机关和罪犯亲属、监护人。

亲属、监护人可以就近向居住地县级司法行政机关或者司法所提出视频会见申请。监狱收到司法行政机关提交的罪犯亲属申请视频会见的通知后，应及时进行审核；准予会见的，应及时通知司法行政机关和罪犯亲属、监护人。

罪犯亲属、监护人应当在监狱确定的会见时间到司法行政机关办公场所与罪犯视频会见。

各监狱应当设置单独的视频会见室，室内配备必要的设施设备。

第十八条 罪犯亲属、监护人首次会见的，凭本人有效身份证件、关系证明原件办理会见手续；非首次会见的，持本人有效身份证件办理。未办理居民身份证的未成年亲属可以凭户口簿会见。

第十九条 罪犯亲属、监护人会见时，监狱应查验罪犯亲属、监护人有效身份证件，核对系统信息，确认后逐一采集会见人信息，确定会见具体时间和位置，发放《亲属会见证》，同时通知监区。接到通知后，监区应及时将罪犯带至指定会见位置。

罪犯亲属无有效身份证件、弄虚作假、不配合安检、不听从民警安排或有明显精神异常、酒后及其他异常行为的，不予安排会见。

第二十条 罪犯亲属、监护人进入监狱前，监狱应宣布会见规定，严格安检。发现携带移动通讯设备、烟、酒、火种及其他违禁物品的，立即取消该罪犯亲属本次会见，视情节可暂停该亲属一至三个月会见；发现携带枪支、弹药、管制刀具、淫秽物品、毒品、易燃易爆品、虚假身份证件及其他严重影响监狱安全稳定的违禁物品的，应取消该罪犯亲属本次会见，并立即将人员控制、物品扣留，移送公安机关处理，同时取消其在该罪犯服刑期间的所有会见。

第二十一条 会见结束，经监狱、执勤武警核验证件无误后，由责任民警将罪犯亲属、监护人带出监狱,收回《亲属会见证》。

第二十二条 监狱候见室应当设置候见区域、物品寄存柜、违禁品展柜、咨询台、狱务公开查询平台等,张贴会见工作制度,并安装电子显示屏滚动播放会见工作要求。

监狱应安排民警在候见室执勤,宣讲法律、法规、监狱工作方针、政策,依法解答罪犯亲属、监护人提出的问题。

第二十三条 罪犯亲属、监护人会见时,可以带给罪犯的物品,限自然科学及法律、文学、艺术类等内容健康、有利改造的正版书籍,原则上每次不超过两册。

确因改造需要且狱内超市不能购买的物品,由罪犯本人向监区提出书面申请,监区同意后报监狱狱政管理部门审核,分管监狱长审批。

监区应对罪犯亲属、监护人带给罪犯的物品严格检查、登记。

第三章 通电话

第二十四条 罪犯通话一般每月一次,每次只能拨打一个亲属的电话号码,通话时间不超过十分钟。未成年罪犯每月可以通话两次。

第二十五条 因罪犯家庭出现变故等原因需要增加通话次数、延长通话时间或者与其他人员通话的,应当经监狱长批准。

第二十六条 罪犯有下列情形之一的,监狱可以暂停通话:

(一)罪犯被立案侦查、起诉、审判期间;

(二)罪犯被禁闭期间;

(三)其他影响监狱安全或者有碍罪犯改造的情形。

第二十七条 罪犯通话应当使用监狱指定的通话设施。罪犯首次通话前，监区应核实罪犯亲属关系和电话号码，无误后，由核实人、监区长签字，报监狱狱政管理部门审批，录入监管改造系统。

第二十八条　罪犯通话结束后，责任民警应于当日将通话内容等情况在电话系统中详细记录。

第二十九条　罪犯亲属电话号码发生变化，或罪犯出现暂停通话情形的，监狱应及时做出变更处理。

第三十条　罪犯通话所需费用按照电信部门的收费标准执行，由罪犯本人承担。

第四章　收寄信件

第三十一条　监狱应当对罪犯收寄的信件进行检查、登记。罪犯写给监狱的上级机关、司法机关的信件，不受检查。

第三十二条　罪犯向监狱外发信，应以平信形式发出，费用由罪犯本人自理。罪犯寄信、收信仅限于通过中国邮政渠道寄发的信件。罪犯处理信件不得占用正常改造时间。

罪犯通信地址，一律使用监狱的信箱代号。

第三十三条　罪犯不得私发、私传信件；监狱民警、职工或其他人员不得为罪犯私发、私传信件。发现私发、私传信件的，按照有关规定处理。

第三十四条　罪犯收寄的信件不得含有碍罪犯改造或者影响监狱安全内容。发现有下列内容的，应予以扣留，并按照相关规定处理：

（一）煽动颠覆国家政权、推翻社会主义制度或者分裂国家、破坏国家统一，危害国家安全的；

（二）泄露国家秘密或涉及监狱内部事项的；

（三）散布谣言扰乱社会秩序，破坏社会稳定的；

（四）煽动民族仇恨、民族歧视，破坏民族团结的；

（五）宣扬邪教或者迷信的；

（六）散布淫秽、赌博、恐怖信息或者教唆犯罪的；

（七）使用隐语、暗语、密码书写或在信纸、信封内外做标记的；

（八）涉及监狱民警、职工及其他罪犯家庭住址、通讯号码、账号等个人信息的；

（九）涉及托关系、走门路，影响监管改造秩序内容的；

（十）其他有碍罪犯改造或影响监狱安全内容的。

被扣留的信件，应进行登记，并注明扣留原因，经监区长签署意见后，存入罪犯档案，具体情况于扣留信件后的三个工作日内书面报监狱狱政管理部门。

第三十五条 罪犯来往信件禁止夹带现金、有价证券等违禁物品；发现违禁物品的，应予以扣留，做好登记，并按照有关规定予以没收或者移交有关部门处理。

第三十六条 监区应自收到罪犯收寄的信件之日起三个工作日内完成信件的检查、登记、处理工作。登记内容包括：检查时间、通信人双方姓名、关系、信件收发地址、主要内容、负责检查民警姓名、处理结果，上述内容同时录入监管改造信息系统。

不受检查的信件，只登记收信时间、罪犯姓名、发往机关及地址、经手人姓名及转递时间。

第三十七条 信件内容涉及罪犯隐私的，监狱应当予以保密。

第三十八条 收到寄给罪犯的信件，如果罪犯已经转至本市其他监狱的，监狱应将信件转至罪犯服刑监狱；如果罪犯已经转至外省市监狱或死亡、释放、暂予监外执行、解回再审以及其他原因不在本监狱关押的，监狱应将信件退还寄件人。

转交或退还信件应做好登记。

第五章 监督责任

第三十九条 罪犯会见、通话中有下列情形之一，经警告无效的，监狱应当中止会见、通话：

（一）使用隐语、暗语或者非规定语种交谈的；

（二）谈论涉及监狱武装看押、警力配备、警管警戒设施等监狱安全防范内容的；

（三）捏造事实诽谤、诬陷、诋毁监狱、民警或他人以及散布、传播小道消息、流言蜚语的；

（四）谈论托关系、走门路，以达到调整劳动岗位、办理减刑、假释、暂予监外执行等投机改造内容的；

（五）谈论监狱民警家庭住址、社会关系、家庭情况、电话号码等信息的；

（六）罪犯行为可疑、情绪激动或出现不遵守会见纪律及其他严重违纪行为等情况，经制止无效的；

（七）罪犯亲属、监护人不遵守监狱会见管理规定，有无理取闹、滋扰监狱正常工作秩序及其他严重违规违法行为的；

（八）携带或者使用手机、录音、摄影（像）设备的；

（九）传递违禁物品的；

（十）其他违反法律法规、违背社会公德、影响罪犯改造、诱发犯罪倾向、威胁监狱安全及违反监规纪律的。

罪犯具有以上情形之一的，经分管监狱长批准，可暂停该罪犯一至三个月的会见、通话。

罪犯亲属、监护人具有以上情形，经分管监狱长批准，可暂停该罪犯亲属、监护人一至三个月的会见、通话；涉嫌违法犯罪的，移交公安机关处理。罪犯亲属、监护人违反规定被暂停会见、通话的，不影响罪犯与其他亲属会见、通话。罪犯亲属、监护人被暂停会见、通话的，监狱应及时通知罪犯。

各监狱可在候见室、会见室设置曝光台，对罪犯或罪犯亲属、监护人违反规定被暂停会见、通话情况进行曝光。曝光时，应注意保护当事人的个人隐私。

第四十条 罪犯对被暂停会见、通话有异议的，应当自监狱做出暂停会见、通话决定之日起三个工作日内，向监区提出书面复查申请。监区应当进行核查，于收到申请之日起五个工作日内做出书面答复。

罪犯对监区的答复结论仍有异议的，应当自收到答复之日起三个工作日内向监狱提出书面复核申请。监狱应当进行核查，于收到申请之日起五个工作日内做出书面答复。监狱答复为最终决定。

第四十一条 罪犯亲属、监护人对被暂停会见、通话有异议的，应当自监狱做出暂停会见、通话决定之日起三个工作日内，向监狱提出书面复查申请。监狱应当进行核查，于收到申请之日起十个工作日内做出书面答复。监狱答复为最终决定。

第四十二条 市局或监狱发现罪犯会见通信不符合规定条件、规定程序或者有其他应予纠正情形的，应及时作出撤销或者纠正的决定。

第六章 附则

第四十三条 外国籍罪犯、涉黑涉恶罪犯、邪教类罪犯的会见通信，按相关规定执行。律师会见罪犯，按照司法部相关规定执行。

第四十四条 本规定所称的未成年罪犯是指年龄不满十八周岁的罪犯。

第四十五条 本规定自 2017 年 8 月 1 日起施行。市局已有规定或要求中的相关内容与本规定不一致的，以本规定为准。原《罪犯会见、通讯管理规定（试行）》（京狱发〔2016〕37 号）、《罪犯视频会见（视频帮教）工作规定（试行）》（京狱管字〔2012〕14 号）同时废止。

参考文献

1. 金鉴.监狱学总论.北京：法律出版社，1997
2. 中华人民共和国司法部.外国监狱资料选编（上、下）.北京：群众出版社，1988
3. 中华人民共和国司法部.外国监狱法规条文分解（上、下）.北京：社会科学文献出版社，1990
4. 杜雨.监狱教育学.北京：法律出版社，1996
5. 王道俊，王汉澜.教育学.北京：人民教育出版社，1999
6. 兰洁.教育改造学.北京：法律出版社，1999
7. 于爱荣.矫正技术原论.北京：法律出版社，2007
8. 夏宗素.罪犯矫正与康复.北京：中国人民公安大学出版社，2005
9. 王祖清，赵卫宽.罪犯教育学.北京：金城出版社，2003
10. 冯建仓.中国监狱服刑人员基本权利研究.北京：中国检察出版社，2008
11. 吴宗宪.中国现代化文明监狱研究.北京：警官教育出版社，1996
12. 郭建安.西方监狱制度概论.北京：法律出版社，2002
13. 孙晓雳.美国矫正体系中的罪犯分类.北京：中国人民公安大学出版社，1992
14. 王平.中国监狱改革及其现代化.北京：中国方正出版社，1999

15. 夏宗素，朱济民.中外监狱制度比较研究文集.北京：法律出版社，2001

16. 贾洛川.罪犯生命精神荒原开发研究.上海：上海社会科学出版社，2008

17. 高莹.矫正教育学.北京：教育科学出版社，2007

18. 陈士涵.人格改造论（上、下）.北京：学林出版社，2001

19. 廖美珍.法庭问答及其互动研究.北京：法律出版社，2003

20. 秦甫.律师论辩学.北京：人民法院出版社，2001

21. 高玉成.司法口才教程.北京：法律出版社，1992

22. 杨迎泽，刘品新.检察机关侦查讯问实务.北京：中国检察出版社，2002

23. 张军，姜伟，田文昌.刑事诉讼：控辩审三人谈.北京：法律出版社，2001

24. 林正主.哈佛辩护.北京：世界图书出版公司，2000

25. 周国均.律师辩护论.北京：中国人民公安大学出版社，1995

26. 林华章.应用口才教程.北京：法律出版社，1996

27. 黄家乐.律师取胜的策略与技巧.北京：中国政法大学出版社，1993

28. 顾永忠.法律论辩.北京：中国政法大学出版社，2002

29. 陶武平.陶武平名案劲辩.上海：上海人民出版社，2003

30. 郭谷新，陈立明.法庭论辩艺术.北京：中国检察出版社，1992

31. 徐加庆．讯问言语学．北京：中国人民公安大学出版社，1992

32. 秦甫编．律师实用口才．北京：法律出版社，1996

33. 王顺义．辩诉对抗论．北京：中国检察出版社，2003

34. 王洁．法律语言研究．广州：广东教育出版社，1999

35. 黄京平．律师常见错误．北京：中国人民大学出版社，1990

36. 由文平．公安司法口才学．海口：南海出版公司，1992

37. 樊学勇．模拟法庭审判讲义及案例脚本（刑事卷）．北京：中国人民公安大学出版社，2007

38. 袁瑜琤．讼师文化解读．北京：中国法制出版社，2011

39. 吴克利．镜头下的讯问：全程录单录像下的讯问方略与技巧．北京：中国法制出版社，2016

40. 廖永安，唐东楚．模拟审判—原理、剧本与技巧．北京：北京大学出版社，2015